*Meditações
para as Passagens
e Celebrações
da Vida*

Noela N. Evans

Meditações para as Passagens e Celebrações da Vida

Tradução
CLAUDIA GERPE DUARTE

EDITORA PENSAMENTO
São Paulo

Título do original:
Meditations for the Passages and Celebrations of Life
A Book of Vigils

Copyright © 1994 by Noela N. Evans.
Publicado originalmente por Bell Tower, New York.

Edição

1-2-3-4-5-6-7-8-9

Ano

96-97-98-99

Direitos de tradução para o Brasil
adquiridos com exclusividade pela
EDITORA PENSAMENTO LTDA.
Rua Dr. Mário Vicente, 374 - 04270-000 - São Paulo, SP - Fone: 272-1399
que se reserva a propriedade literária desta tradução.

Impresso em nossas oficinas gráficas.

Para Jayne Clare Evans,
William Noel Evans
e
para Kiel Martin,
um amigo inesperado

Sumário

PREFÁCIO. 9

UM MÊS DE DEVOÇÕES PARA

A morte. 13

O nascimento 27

O casamento. 41

A mudança de casa 59

O fim de um relacionamento. 73

A perda do emprego 93

Um filho que deixa o lar 109

UMA SEMANA DE DEVOÇÕES PARA

O desafio. 127

O arrependimento. 133

O perdão 139

A gratidão. 145

A violação pessoal 151

Agradecimentos 157

Prefácio

Existe um termo em astronomia que descreve o lugar onde a luz é incapaz de escapar à influência de um buraco negro. É o termo "horizonte de eventos" e é belamente descritivo, porque essa superfície é na verdade um horizonte além do qual somos incapazes de perceber quaisquer eventos.

Podemos nos sentir algumas vezes, nas galáxias do nosso coração e da nossa mente, como se estivéssemos equilibrados sobre uma margem, incapazes de escapar ou de enxergar além dessa fronteira. Embora sejamos abençoados com a sabedoria dos mais velhos, dos conselheiros, da família e do mundo dos meios de comunicação, cada passagem individual é diferente. Não existe um mapa ou diagrama nem uma resposta exata para o enigma que se encontra no final do livro. Nós somos o enigma e, como todo fanático por quebra-cabeças sabe, a solução exige atenção, concentração e intuição.

Ofereço estas devoções na esperança de que elas o conduzam a um lugar dentro do seu ser onde você seja seu *próprio* ancião, conselheiro e sábio. Sua observância oferece uma nova maneira de acompanhar cada passagem com atenção, sinceridade e ternura, seja ela de tristeza ou de alegria. Encontramos tempo para compartilhar momentos importantes com aqueles que amamos e até mesmo com os que não amamos. Por que não dedicá-lo a nós mesmos?

A vida, em nossos dias, pode ser muito rápida. Despertamos com a programação do dia revolvendo-se na nossa mente, comemos às pressas e nos agarramos às nossas listas e agendas para entender programações cujas exigências são inflexíveis. Esforçamo-nos para tomar conta dos nossos filhos e dos nossos pais, para ser bem-sucedidos no trabalho e para dar toda a atenção que nosso tempo permite aos nossos amigos e interesses pessoais. Freqüentemente ouço as pessoas dizerem: "De alguma maneira, consigo fazer tudo o que é preciso, mas não estou aproveitando a vida!"

Estas devoções respondem a esse apelo. Reservar alguns momentos todos os dias para nos dedicarmos aos nossos eventos pessoais pode proporcionar um fio de continuidade através das mudanças que alteram a forma do nosso mundo e um centro de imobilidade no drama que parece acompanhar essas mudanças. Você pode aprofundar essa imobilidade se for capaz de se sentar calmamente depois da leitura, observar a sua respiração em seu ir e vir e esperar com o espírito de "vigília". Se a linguagem de uma determinada devoção não for inteiramente apropriada ao seu caso, sinta-se livre para usá-la como um trampolim para as suas palavras.

Para a realização desta obra, inspirei-me em *The New American Book of the Dead*, que me ajudou a recuperar o equilíbrio depois da morte de minha mãe. Uma breve explicação das semelhanças e diferenças entre *The New American Book of the Dead* (IDHHB, Inc., 1981) e este livro, bem como informações a respeito do formato das leituras, poderão ser encontradas na introdução ao capítulo sobre a morte. Ao redigir as devoções, fiz várias suposições importantes:

> Que Deus realmente existe, embora cada um de nós possa perceber a forma e o sexo dessa divindade de uma maneira um pouco diferente.
>
> Que a nossa essência é eterna.
>
> Que a nossa vida é mais importante do que podemos imaginar.
>
> Que todos temos passagens e celebrações semelhantes e que as nossas reações a esses eventos nos ligam uns aos outros de uma forma extremamente poderosa.

Há vários anos, meu filho começou a estudar prestidigitação, e logo passou a trazer sempre no bolso cartas e moedas. Eu gostava de observar o rosto daqueles que ficavam deslumbrados com as maravilhas que ele fazia, e apreciava pessoalmente ficar deslumbrada. Acima de tudo, eu apreciava a vitalidade que parecia pertencer ao espetáculo tanto quanto a mágica. Descobri posteriormente que essa vitalidade é filha da atenção.

Não posso lhe prometer que suas devoções farão desaparecer os momentos difíceis ou que elas multiplicarão as ocasiões alegres, mas quero lembrar que a sua presença totalmente desperta não é apenas importante como pode ser mágica.

A Morte

Lembro-me de ter ouvido em algum lugar que "a qualidade da nossa atenção é a maior gentileza que podemos fazer". Perdida na confusão e no sofrimento depois da morte de minha mãe, descobri que precisava *fazer* algo além de me lamentar, debater-me com minhas emoções e organizar seu espólio. Buscando uma maneira de honrar e enobrecer a vida dela, comecei a recitação do *The New American Book of the Dead*.

A idéia central dessas recitações é guiar a alma da pessoa falecida em sua jornada. Grande parte da linguagem estava além da minha compreensão (e estou certa de que também estaria além do entendimento da minha mãe), mas a observância diária das recitações me proporcionou um equilíbrio e um ritual que representaram um verdadeiro conforto para o meu coração, e comecei a sentir que a minha mãe, onde quer que estivesse, estava profundamente tocada pela qualidade da minha devoção.

Apesar de honrar o poder e a dignidade do *The New American Book of the Dead*, senti que desejava ampliar o contexto desenvolvendo uma série de recitações da mesma natureza. Mantive o uso repetitivo de um "mantra" para ajudar o leitor a começar e encerrar cada devoção.

Não é imperativo que as recitações tenham início no dia da morte. Comece quando o momento lhe parecer adequado e, se o seu término lhe parecer prematuro, você poderá acrescentar outras de sua autoria ou simplesmente recomeçá-las.

É sugerido em *The New American Book of the Dead* que as devoções sejam realizadas na mesma hora, pela manhã e à noite, no mesmo lugar, num contexto cuidadosamente descrito. Como as viagens são parte intrínseca do meu trabalho, fiz o melhor que pude nas circunstâncias. Tenho lembranças engraçadas de recitações que fiz em lugares pouco ortodoxos ou em momentos esquisitos. No entanto, o importante, realmente, foi o fato de elas terem sido observadas com atenção.

Minha sugestão é que você comece e termine cada dia com a devoção desse dia, onde quer você esteja. Você pode incluir na devoção qualquer coisa que tenha um significado especial para você. Para alguns, uma vela é importante; para outros, uma flor. Levei comigo a fotografia da minha mãe, e isso me pareceu o melhor. E, acima de tudo, concentre-se com a maior profundidade possível.

O PRIMEIRO DIA

Posso não compreender, mas respeito o fato de você ter sido chamado à presença do Altíssimo.

É bom que você saiba que a sua vida foi importante e que o mundo ao seu redor mudou porque você morreu.
Preciso dizer-lhe que estou sofrendo e que estou inseguro.
Sinta que estou perto.

Abandono todos os meus julgamentos a seu respeito e o saúdo como o filho de Deus que você verdadeiramente é, desejando-lhe paz e orientação na sua jornada em direção ao lar.

O SEGUNDO DIA

Posso não compreender, mas respeito o fato de você ter sido chamado à presença do Altíssimo.

Estou envolvido agora nas suas memórias e na sua essência.
Sinto-me perdido em lágrimas de descrença e continuo muito frágil.

Abandono todos os meus julgamentos a seu respeito e o saúdo como o filho de Deus que você verdadeiramente é, desejando-lhe paz e orientação na sua jornada em direção ao lar.

– 15 –

O TERCEIRO DIA

Posso não compreender, mas respeito o fato de você ter sido chamado à presença do Altíssimo.

Sua participação na minha vida foi um tesouro inexprimível e espero que você possa sentir o meu apreço.
Simplificando, sinto a sua falta e gostaria de tê-lo comigo.

Abandono todos os meus julgamentos a seu respeito e o saúdo como o filho de Deus que você verdadeiramente é, desejando-lhe paz e orientação na sua jornada em direção ao lar.

O QUARTO DIA

Posso não compreender, mas respeito o fato de você ter sido chamado à presença do Altíssimo.

Vejo muitas coisas que me lembram de você. Você tocou profundamente o meu coração.
Estou aturdido e de certa forma menos completo. E amiúde sinto tanta dor que chego a ficar assustado.
Disseram-me que além desses sentimentos existe uma presença carinhosa capaz de me confortar e acalmar.
Vou procurar ficar o mais quieto possível e buscar esse conforto e essa calma.

Abandono todos os meus julgamentos a seu respeito e o saúdo como o filho de Deus que você verdadeiramente é, desejando-lhe paz e orientação na sua jornada em direção ao lar.

O QUINTO DIA

Posso não compreender, mas respeito o fato de você ter sido chamado à presença do Altíssimo.

Minhas emoções estão confusas e oscilam entre a tristeza, o arrependimento e a raiva.
Deixá-las fluir com sinceridade é bom para mim e sei que você compreenderá isso.

Abandono todos os meus julgamentos a seu respeito e o saúdo como o filho de Deus que você verdadeiramente é, desejando-lhe paz e orientação na sua jornada em direção ao lar.

O SEXTO DIA

Posso não compreender, mas respeito o fato de você ter sido chamado à presença do Altíssimo.

Minha incredulidade diante do fato de você ter partido se mistura com a recordação dos seus gestos, do seu sorriso e das coisas que tanto significado tinham para você.
Sinto-me freqüentemente incerto a respeito de como eu me enquadro na vida sem a sua presença ao meu lado.

Abandono todos os meus julgamentos a seu respeito e o saúdo como o filho de Deus que você verdadeiramente é, desejando-lhe paz e orientação na sua jornada em direção ao lar.

O SÉTIMO DIA

Posso não compreender, mas respeito o fato de você ter sido chamado à presença do Altíssimo.

Acredito, com toda a minha confiança, que você pode sentir as devoções que faço por você como um oferecimento da minha mais elevada estima.
Uma semana já se passou desde o início das minhas devoções e não deixo de me lembrar de que a vida avança em círculos.

Possa o círculo desta primeira semana representar o início da minha cura!

Abandono todos os meus julgamentos a seu respeito e o saúdo como o filho de Deus que você verdadeiramente é, desejando-lhe paz e orientação na sua jornada em direção ao lar.

O OITAVO DIA

Posso não compreender, mas respeito o fato de você ter sido chamado à presença do Altíssimo.

Comecei há uma semana minhas devoções por você, meu ser amado, que deslizou para um lugar desconhecido além da minha compreensão.
Reconheço que minha vida continua enquanto luto para formar uma ponte que faça eu me sentir mais perto de você.

Abandono todos os meus julgamentos a seu respeito e o saúdo como o filho de Deus que você verdadeiramente é, desejando-lhe paz e orientação na sua jornada em direção ao lar.

O NONO DIA

Posso não compreender, mas respeito o fato de você ter sido chamado à presença do Altíssimo.

Sua vida envolveu e enriqueceu de muitas maneiras minha vida e a daqueles próximos a você.
Penso nos momentos divertidos que passamos um ao lado do outro.
Por um momento fico completamente absorto pensando em você.
Estamos novamente juntos.

– 18 –

Abandono todos os meus julgamentos a seu respeito e o saúdo como o filho de Deus que você verdadeiramente é, desejando-lhe paz e orientação na sua jornada em direção ao lar.

O DÉCIMO DIA

Posso não compreender, mas respeito o fato de você ter sido chamado à presença do Altíssimo.

Eu o saúdo e o abençôo através da ponte invisível que nos une. O fato de você não estar mais aqui às vezes me parece extremamente irreal.

Abandono todos os meus julgamentos a seu respeito e o saúdo como o filho de Deus que você verdadeiramente é, desejando-lhe paz e orientação na sua jornada em direção ao lar.

O DÉCIMO PRIMEIRO DIA

Posso não compreender, mas respeito o fato de você ter sido chamado à presença do Altíssimo.

Sinto-me muito inquieto aqui. Pergunto-me se o mesmo acontece com você. Submeto-me à luz que sustenta a nós dois, e peço-lhe que nos traga alívio, descanso e firmeza.

Abandono todos os meus julgamentos a seu respeito e o saúdo como o filho de Deus que você verdadeiramente é, desejando-lhe paz e orientação na sua jornada em direção ao lar.

O DÉCIMO SEGUNDO DIA

Posso não compreender, mas respeito o fato de você ter sido chamado à presença do Altíssimo.

Agradeço-lhe por tudo o que você me deu, mas principalmente pelo amor que vi em seus olhos.

Agora os meus olhos se enchem de lágrimas, às vezes nos momentos mais imprevistos.
Aprendi a aceitar e a apreciar essas lágrimas do mesmo modo como aceitei e apreciei o seu amor.

Abandono todos os meus julgamentos a seu respeito e o saúdo como o filho de Deus que você verdadeiramente é, desejando-lhe paz e orientação na sua jornada em direção ao lar.

DÉCIMO TERCEIRO DIA

Posso não compreender, mas respeito o fato de você ter sido chamado à presença do Altíssimo.

Sua lembrança se torna a mais preciosa das jóias.
Outras pessoas me oferecem conselhos e conforto. Algumas vezes isso faz sentido e outras não, mas compreendo a preocupação delas por mim, o que faz que eu me sinta um pouco menos sozinho.

Abandono todos os meus julgamentos a seu respeito e o saúdo como o filho de Deus que você verdadeiramente é, desejando-lhe paz e orientação na sua jornada em direção ao lar.

DÉCIMO QUARTO DIA

Posso não compreender, mas respeito o fato de você ter sido chamado à presença do Altíssimo.

Venho uma vez mais honrá-lo com a minha devoção.
O ciclo da segunda semana se fecha e ofereço o meu vazio aos ritmos de cura da luz que nos sustenta.

Abandono todos os meus julgamentos a seu respeito e o saúdo como o filho de Deus que você verdadeiramente é, desejando-lhe paz e orientação na sua jornada em direção ao lar.

O DÉCIMO QUINTO DIA

Posso não compreender, mas respeito o fato de você ter sido chamado à presença do Altíssimo.

Talvez existam para você coisas incompletas e não-resolvidas. Mas sinto-me feliz em lembrá-lo que você viu alguns dos seus sonhos se tornar realidade.
Um dos meus sonhos que se tornou realidade foi ter você na minha vida.

Abandono todos os meus julgamentos a seu respeito e o saúdo como o filho de Deus que você verdadeiramente é, desejando-lhe paz e orientação na sua jornada em direção ao lar.

O DÉCIMO SEXTO DIA

Posso não compreender, mas respeito o fato de você ter sido chamado à presença do Altíssimo.

Você sempre terá um lugar no meu coração, e eu o visito quando tudo está em silêncio.
Aqui, a vida continua, mas permaneço um pouco afastado dela. A sua perda tocou minha alma e preciso de tempo para aceitar essa mudança.

Abandono todos os meus julgamentos a seu respeito e o saúdo como o filho de Deus que você verdadeiramente é, desejando-lhe paz e orientação na sua jornada em direção ao lar.

O DÉCIMO SÉTIMO DIA

Posso não compreender, mas respeito o fato de você ter sido chamado à presença do Altíssimo.

Espero que, quando as recordações da sua vida neste plano

surgirem em seu coração, você se sinta alegre, feliz e orgulhoso por ter participado de tudo isto.

Estou começando a reparar no mundo ao meu redor: as cores começam a voltar e estou feliz por isso.

Abandono todos os meus julgamentos a seu respeito e o saúdo como o filho de Deus que você verdadeiramente é, desejando-lhe paz e orientação na sua jornada em direção ao lar.

O DÉCIMO OITAVO DIA

Posso não compreender, mas respeito o fato de você ter sido chamado à presença do Altíssimo.

Penso nas coisas que aprendi com você e espero que você esteja ciente do valor que elas têm para mim.

Esses ensinamentos são vivos, e penso neles de uma forma que nunca fiz antes.

Abandono todos os meus julgamentos a seu respeito e o saúdo como o filho de Deus que você verdadeiramente é, desejando-lhe paz e orientação na sua jornada em direção ao lar.

O DÉCIMO NONO DIA

Posso não compreender, mas respeito o fato de você ter sido chamado à presença do Altíssimo.

Algumas vezes consigo enxergar claramente a imagem do seu rosto com meu olho mental, e outras não.

Mas a sua essência sempre está ao meu alcance. Estou começando a compreender que o nosso relacionamento não terminou; ele simplesmente se transformou.

Abandono todos os meus julgamentos a seu respeito e o saúdo como o filho de Deus que você verdadeiramente é,

– 22 –

desejando-lhe paz e orientação na sua jornada em direção ao lar.

O VIGÉSIMO DIA

Posso não compreender, mas respeito o fato de você ter sido chamado à presença do Altíssimo.

Eu me pergunto se você sabe que o perdôo por todas as suas más ações, reais e imaginárias.
Espero e acredito que esse perdão também venha de você para mim.

Abandono todos os meus julgamentos a seu respeito e o saúdo como o filho de Deus que você verdadeiramente é, desejando-lhe paz e orientação na sua jornada em direção ao lar.

O VIGÉSIMO PRIMEIRO DIA

Posso não compreender, mas respeito o fato de você ter sido chamado à presença do Altíssimo.

O terceiro ciclo se fecha nestas devoções que são o meu presente para você e para mim mesmo.
Confio agora um pouco mais nos meus sentimentos e nos meus hábitos e aprecio de outra maneira os pequenos detalhes da vida que começam a me reconduzir ao mundo.

Abandono todos os meus julgamentos a seu respeito e o saúdo como o filho de Deus que você verdadeiramente é, desejando-lhe paz e orientação na sua jornada em direção ao lar.

O VIGÉSIMO SEGUNDO DIA

Posso não compreender, mas respeito o fato de você ter sido chamado à presença do Altíssimo.

Espero que você esteja bem e que possa sentir a minha preocupação. Seu bem-estar era importante para mim enquanto você vivia e continua a sê-lo agora que está morto.

Começo agora a pedir coragem para aceitar essa mudança.

Abandono todos os meus julgamentos a seu respeito e o saúdo como o filho de Deus que você verdadeiramente é, desejando-lhe paz e orientação na sua jornada em direção ao lar.

O VIGÉSIMO TERCEIRO DIA

Posso não compreender, mas respeito o fato de você ter sido chamado à presença do Altíssimo.

Sei que você levou consigo a sua força e o seu discernimento, e que você é rico, onde quer que esteja. Você tem tudo de que precisa para qualquer coisa que se manifeste para você. Embora ainda transtornado, reconheço a minha força e tenho certeza de que ela irá me proporcionar o apoio que preciso nesta hora.

Abandono todos os meus julgamentos a seu respeito e o saúdo como o filho de Deus que você verdadeiramente é, desejando-lhe paz e orientação na sua jornada em direção ao lar.

O VIGÉSIMO QUARTO DIA

Posso não compreender, mas respeito o fato de você ter sido chamado à presença do Altíssimo.

As coisas que você apreciava têm um grande significado na minha vida.

Algumas vezes dou comigo mantendo na mente animados diálogos com você.

E assim prosseguimos, você e eu, a partir de diferentes perspectivas, porém ligados pela nossa história e pelo nosso amor.

Abandono todos os meus julgamentos a seu respeito e o saúdo como o filho de Deus que você verdadeiramente é, desejando-lhe paz e orientação na sua jornada em direção ao lar.

O VIGÉSIMO QUINTO DIA

Posso não compreender, mas respeito o fato de você ter sido chamado à presença do Altíssimo.

Agora já consigo rir sinceramente algumas vezes.

Começo a compreender a bênção que representa a passagem do tempo; não que isso me faça esquecer, mas me confere discernimento e me mostra como inserir suas recordações no meu mundo.

Abandono todos os meus julgamentos a seu respeito e o saúdo como o filho de Deus que você verdadeiramente é, desejando-lhe paz e orientação na sua jornada em direção ao lar.

O VIGÉSIMO SEXTO DIA

Posso não compreender, mas respeito o fato de você ter sido chamado à presença do Altíssimo.

É chegado o momento de eu compartilhar com você, nas minhas palavras, o que existe no fundo do meu coração:

. . . .

Abandono todos os meus julgamentos a seu respeito e o saúdo como o filho de Deus que você verdadeiramente é, desejando-lhe paz e orientação na sua jornada em direção ao lar.

O VIGÉSIMO SÉTIMO DIA

Posso não compreender, mas respeito o fato de você ter sido chamado à presença do Altíssimo.

O amor e o respeito que sinto por você só podem se aprofundar.

Reconheço que, embora minhas devoções estejam chegando ao fim, o processo desta transição durará o tempo que for preciso.

Prometo a mim mesmo ter paciência, compreensão e esperança.

Abandono todos os meus julgamentos a seu respeito e o saúdo como o filho de Deus que você verdadeiramente é, desejando-lhe paz e orientação na sua jornada em direção ao lar.

O VIGÉSIMO OITAVO DIA

Posso não compreender, mas respeito o fato de você ter sido chamado à presença do Altíssimo.

"O coração tem memória; aquele que é amado nunca morre."[1]
Eu o abençôo, liberto-o e trago-o para sempre em tudo o que me é mais caro.

Abandono todos os meus julgamentos a seu respeito e o saúdo como o filho de Deus que você verdadeiramente é, desejando-lhe paz e orientação na sua jornada em direção ao lar.

O Nascimento

O nascimento é, sem dúvida, uma ocasião em que é fácil nos perdermos na impressionante mudança que acontece na nossa vida. Eu o convido a se dedicar por um momento, de manhã e à noite, às devoções de boas-vindas.

Milhares de bebês entram diariamente na vida de milhares de pessoas e, no entanto, cada criança é como um floco de neve, maravilhoso e exclusivo. Meu filho nasceu em outubro, e no meu aniversário, em dezembro, minha mãe me enviou a seguinte mensagem: "Somente agora você pode compreender como me senti nesse dia há vinte e seis anos." De repente, minha infância e a maneira como eu me relacionava com a minha mãe tornaram-se completamente diferentes. Os sentimentos que eu nutria pelo meu filho me ligaram aos sentimentos que minha mãe nutrira por mim antes que eles ficassem confusos e se emaranhassem em anos de dramas entre mãe e filha.

– 27 –

Sinceramente espero que através destas devoções você possa viver mais plenamente a experiência e merecer o milagre da vinda ao mundo do seu filho e ainda que você faça uma pausa para acolher pressurosamente os sentimentos e o despertar que circundam este evento. As devoções são redigidas na primeira pessoa do singular, de modo que, independentemente da sua relação com o recém-nascido, elas são adequadas. As circunstâncias individuais da ocasião do nascimento variam enormemente. Estes textos estão estruturados para ter início no dia seguinte ao nascimento, uma vez que este pode ser o momento mais tranqüilo e receptivo para começar.

Sua concentração nas devoções é uma declaração que você faz a si mesmo e ao bebê de que você estará presente na sua vida comum, de que a qualidade da sua atenção será algo com que ambos poderão contar. Existe melhor presente do que esse?

O PRIMEIRO DIA

Celebro e dou as boas-vindas à nova vida que passou a fazer parte da minha!

Celebramos juntos o nosso milagre particular. Estou cheio de admiração e surpresa. Depois de tanto tempo de espera, você está aqui. Olá, meu querido bebê!

Eu o amo. Acredito em você. Só quero o melhor para você.

O SEGUNDO DIA

Celebro e dou as boas-vindas à nova vida que passou a fazer parte da minha!

Quando olho nos seus olhos, tenho a impressão de que você é ao mesmo tempo velho e jovem. Reconheço que você tem tanto para me ensinar e me mostrar quanto eu tenho para ensinar e mostrar a você.
Prometo honrar essa verdade. É o meu primeiro compromisso com você.

Eu o amo. Acredito em você. Só quero o melhor para você.

O TERCEIRO DIA

Celebro e dou as boas-vindas à nova vida que passou a fazer parte da minha!

Assumo a responsabilidade de cuidar de você com grande alegria e esperança, e peço orientação constante ao Grande Pai, a Fonte de toda a vida.

Eu o amo. Acredito em você. Só quero o melhor para você.

O QUARTO DIA

Celebro e dou as boas-vindas à nova vida que passou a fazer parte da minha!

Tudo isto me parece muito estranho e novo, mas ao mesmo tempo extremamente familiar. Acolherei essa sensação de familiaridade e tenho a certeza de que ela irá me ajudar nas inúmeras decisões e escolhas necessárias decorrentes da sua presença na minha vida diária.

Eu o amo. Acredito em você. Só quero o melhor para você.

O QUINTO DIA

Celebro e dou as boas-vindas à nova vida que passou a fazer parte da minha!

Vamos nos unir um ao outro de todas as maneiras necessárias, e encontrarei de algum modo os momentos tranqüilos para a concretização dessa união.
Invoco o seu amor e a sua confiança.

Eu o amo. Acredito em você. Só quero o melhor para você.

O SEXTO DIA

Celebro e dou as boas-vindas à nova vida que passou a fazer parte da minha!

– 30 –

Reconheço que tenho de fazer a transição da hora do nascimento para a dos cuidados do bebê, com suas muitas exigências e responsabilidades. Não me sentirei culpado ao procurar satisfazer minhas próprias necessidades. Sei que do meu equilíbrio depende o seu bem-estar.

Eu o amo. Acredito em você. Só quero o melhor para você.

O SÉTIMO DIA

Celebro e dou as boas-vindas à nova vida que passou a fazer parte da minha!

Feliz aniversário! É impressionante conhecer alguém desde o momento do seu nascimento.

Sou seu amigo mais velho. Penso nos aniversários que estão por vir e sei que o tempo passará muito rápido. Prometo saboreá-lo o mais que puder — pondo você e nós em primeiro lugar em meio à agitação dos meus dias.

Eu o amo. Acredito em você. Só quero o melhor para você.

O OITAVO DIA

Celebro e dou as boas-vindas à nova vida que passou a fazer parte da minha!

É com enorme orgulho que o apresento à nossa família e aos nossos amigos.

Estou certo de que a participação deles na sua vida será enriquecedora.

Permitirei que eles tenham um relacionamento individual com você e espero que a perspectiva de vida deles amplie a minha.

Eu o amo. Acredito em você. Só quero o melhor para você.

O NONO DIA

Celebro e dou as boas-vindas à nova vida que passou a fazer parte da minha!

Volto à infância para reviver meus melhores momentos e perdoar e pôr de lado as partes que sempre senti não estarem em harmonia com o que eu precisava.

Sei que serei influenciado pela maneira como fui criado e acredito que as minhas lembranças irão me guiar e instruir.

Eu o amo. Acredito em você. Só quero o melhor para você.

O DÉCIMO DIA

Celebro e dou as boas-vindas à nova vida que passou a fazer parte da minha!

Você se torna a cada dia mais familiar, e estou começando a sentir plenamente o que significa amar um filho.

É um amor diferente de todos os outros e sou profundamente grato por ter a oportunidade de conhecê-lo.

Eu o amo. Acredito em você. Só quero o melhor para você.

O DÉCIMO PRIMEIRO DIA

Celebro e dou as boas-vindas à nova vida que passou a fazer parte da minha!

Você parece ter mais vigor a cada dia, e há muito que quero lhe mostrar e compartilhar com você.

Peço que essa longa jornada de mútua descoberta seja abençoada.

Eu o amo. Acredito em você. Só quero o melhor para você.

O DÉCIMO SEGUNDO DIA

Celebro e dou as boas-vindas à nova vida que passou a fazer parte da minha!

Embora você ainda não se comunique através de palavras, sinto que habitualmente compreendo as suas necessidades. Às vezes sinto-me frustrado quando isso não acontece, e você provavelmente sente o mesmo, e preciso reconhecer isso. Farei o melhor que puder, sabendo que serei guiado através da frustração e da raiva.

Eu o amo. Acredito em você. Só quero o melhor para você.

O DÉCIMO TERCEIRO DIA

Celebro e dou as boas-vindas à nova vida que passou a fazer parte da minha!

Ainda consigo ficar surpreso com esta maravilhosa mudança que ocorreu no meu mundo e com a conseqüente modificação do meu estado emocional. Como me sinto fatigado! E admirado! Peço ajuda para aceitar que tudo isso faz parte do processo.

Eu o amo. Acredito em você. Só quero o melhor para você.

O DÉCIMO QUARTO DIA

Celebro e dou as boas-vindas à nova vida que passou a fazer parte da minha!

Outro aniversário para você — outra semana para nos acostumarmos a ser uma família.

Que você possa encontrar seu lugar nela e saber que é um lugar todo seu.

Eu o amo. Acredito em você. Só quero o melhor para você.

O DÉCIMO QUINTO DIA

Celebro e dou as boas-vindas à nova vida que passou a fazer parte da minha!

Embora você seja no momento o centro do meu mundo, compreendo que descrever cada movimento que você faz não é necessariamente apropriado em todas as conversas.

Peço o equilíbrio nessa questão e a oportunidade de reconhecer que outras pessoas da minha vida têm suas próprias novidades que são preciosas e importantes para elas.

Eu o amo. Acredito em você. Só quero o melhor para você.

O DÉCIMO SEXTO DIA

Celebro e dou as boas-vindas à nova vida que passou a fazer parte da minha!

Eu o vejo transformar-se dia a dia e me deleito com suas realizações.

Compreendo que você tem um ritmo interior individual. Embora vá encorajá-lo, prometo não tentar pressioná-lo ou compará-lo com outros que têm ritmos diferentes.

Eu o amo. Acredito em você. Só quero o melhor para você.

O DÉCIMO SÉTIMO DIA

Celebro e dou as boas-vindas à nova vida que passou a fazer parte da minha!

Você me liga ao maravilhoso, e que grande tesouro é isso! Você é um começo vivo que respira! Como a primavera, como o amanhecer. Temos muitas "primeiras coisas" para acalentar juntos e tentarei saborear cada uma delas com a emoção e a atenção que merece.

Eu o amo. Acredito em você. Só quero o melhor para você.

O DÉCIMO OITAVO DIA

Celebro e dou as boas-vindas à nova vida que passou a fazer parte da minha!

Conselhos, sugestões e palavras de sabedoria: amigos e familiares podem apresentá-los aos borbotões. Sou grato por estarem me oferecendo a dádiva da sua experiência e intuição. Embora reconheça que o conselho deles tem valor e poderá expandir o meu campo de conhecimento, confio em mim mesmo e sei que saberei estar com você.

Eu o amo. Acredito em você. Só quero o melhor para você.

O DÉCIMO NONO DIA

Celebro e dou as boas-vindas à nova vida que passou a fazer parte da minha!

Às vezes me sinto esmagado pela minha preocupação com o seu bem-estar. Quero que tudo seja perfeito para você.
Mas a perfeição só existe na essência do Altíssimo, de modo que procuro confiar a essa essência o seu cuidado fundamental, pois é ela que nos guia, protege e enobrece.

Eu o amo. Acredito em você. Só quero o melhor para você.

O VIGÉSIMO DIA

Celebro e dou as boas-vindas à nova vida que passou a fazer parte da minha!

Não tenho meios de saber que aptidões você precisará ter para se desenvolver num mundo que talvez seja muito diferente quando você crescer.

Sei que se verá diante de um conjunto de escolhas em eterna expansão, e tentarei ensiná-lo a fazer sabiamente as suas escolhas, a assumir a responsabilidade pelas suas decisões e a aprender com os seus erros.

Eu o amo. Acredito em você. Só quero o melhor para você.

O VIGÉSIMO PRIMEIRO DIA

Celebro e dou as boas-vindas à nova vida que passou a fazer parte da minha!

Quanto tempo esperei para conhecê-lo, e agora celebramos juntos três aniversários semanais!

Celebrar: Que palavra maravilhosa!

Que grande alegria sentirei ao apresentá-lo às festas e aos dias de comemoração da minha vida, e ao compartilhar com você o que "celebrar" significa para mim!

Eu o amo. Acredito em você. Só quero o melhor para você.

O VIGÉSIMO SEGUNDO DIA

Celebro e dou as boas-vindas à nova vida que passou a fazer parte da minha!

O mundo ao meu redor me chama. Espera-se que eu deva voltar ao "normal". Compreendo essa posição, mas me reservo o direito de recordar vividamente essa deslumbrante experiência do nascimento. Trata-se do meu filme épico particular, que posso passar na tela da minha mente sempre que o meu coração precisar de apoio.

Eu o amo. Acredito em você. Só quero o melhor para você.

O VIGÉSIMO TERCEIRO DIA

Celebro e dou as boas-vindas à nova vida que passou a fazer parte da minha!

Uma das lições que você precisa aprender gira em torno da noção de compartilhar, e eu também preciso aprender essa lição. Algumas pessoas à nossa volta terão o direito de se envolver com você à medida que você for crescendo e se desenvolvendo, e preciso me sentir suficientemente seguro para compartilhá-lo com elas. Meu papel no seu mundo é claro e insubstituível, e esta lembrança pode tornar mais fácil dividi-lo com os outros.

Eu o amo. Acredito em você. Só quero o melhor para você.

O VIGÉSIMO QUARTO DIA

Celebro e dou as boas-vindas à nova vida que passou a fazer parte da minha!

Ainda falta algum tempo para que você possa se expressar por meio de palavras, mas já penso nos momentos em que isso será possível e antegozo a idéia de falar com você — não apenas como filho e pai, mas como duas pessoas que compartilham o que está em seu coração.

Sei que nem sempre será fácil fazer amizade com alguém com

quem você esteja relacionado, mas farei todo o possível para estimular o desenvolvimento dessa amizade.

Eu o amo. Acredito em você. Só quero o melhor para você.

O VIGÉSIMO QUINTO DIA

Celebro e dou as boas-vindas à nova vida que passou a fazer parte da minha!

Quero dedicar um momento a pensar no riso, na descoberta e na magia, e também nos abraços, nas brincadeiras e nas absolutas tolices.

E a dizer a você que sei que tudo isso é extremamente importante e necessário.

Se eu tiver bastante sorte, talvez você me leve algumas vezes em sua companhia quando começar a perambular pelo seu mundo, onde essas coisas são tão importantes.

Eu o amo. Acredito em você. Só quero o melhor para você.

O VIGÉSIMO SEXTO DIA

Celebro e dou as boas-vindas à nova vida que passou a fazer parte da minha!

À medida que minhas devoções chegam ao fim, é hora de lhe dizer o que sinto no fundo do meu coração:

. . . .

Eu o amo. Acredito em você. Só quero o melhor para você.

O VIGÉSIMO SÉTIMO DIA

Celebro e dou as boas-vindas à nova vida que passou a fazer parte da minha!

Sei que preciso estabelecer limites para você até você ser capaz de estabelecê-los por si mesmo. Reconheço a sua necessidade de disciplina e me esforçarei para ser justo e coerente. Segure a minha mão agora que começamos juntos nossa jornada. Tentarei viver o que tenho para ensinar-lhe, sabendo que nem sempre você ouvirá o que eu disser, mas estará observando cada movimento meu!

Eu o amo. Acredito em você. Só quero o melhor para você.

O VIGÉSIMO OITAVO DIA

Celebro e dou as boas-vindas à nova vida que passou a fazer parte da minha!

Você pode se parecer comigo ou ter um jeito semelhante ao meu, mas você é absolutamente único.
Não posso viver sua vida e não tentarei fazê-lo.
Minha orientação, meu amor e sua liberdade representam o compromisso triplo que estou assumindo neste momento, na última das minhas devoções que visam dar-lhe as boas-vindas ao mundo.

Eu o amo. Acredito em você. Só quero o melhor para você.

O Casamento

É alarmante descobrir que simplesmente por termos encontrado o amor dos nossos sonhos não temos a garantia de que seremos felizes para sempre. Ouvimos essa advertência ser sussurrada, mas de algum modo esperamos ser a exceção.

Naturalmente, o casamento envolve o compartilhar, o amor e o auto-sacrifício. Ele nos pede que nos preocupemos e sejamos carinhosos com o parceiro enquanto atravessamos os mais diversos tipos de altos e baixos. Além disso, a sociedade está começando a compreender que um relacionamento que envolve o compromisso talvez seja o caminho mais ativo para a nossa autodescoberta.

Enquanto escrevia este capítulo, conversei com muitos casais a respeito da sua vida comum e comecei a perceber que quanto mais nos arriscarmos, revelando-nos através das nossas mudanças, incertezas e realizações, e quanto mais formos capazes de gerar um clima propício para que o nosso parceiro faça o mesmo, tanto mais estimulante será o nosso casamento. Um casamento dinâmico é um estudo dos riscos do dia-a-dia, e o risco engrandece a alma.

Estas devoções estão estruturadas para ter início quatro semanas antes do casamento. Se a cerimônia envolver troca de alianças, talvez você queira segurar gentilmente na mão o anel que você vai dar, ou acender uma vela como símbolo da luz que vocês carregam um para o outro no coração. Quaisquer detalhes que você resolva acrescentar ao cenário das suas devoções deverão incluir carinho e ternura.

Uma semana antes de eu me encaminhar para o alto de uma montanha que se eleva sobre o Pacífico para fazer meus votos de jovem esposa, um membro da minha família a quem muito aprecio contou-me a história de um pote que fica entre duas pessoas que compartilham a vida. No início, ele está repleto com a excitação e a alegria do casamento e da vida em comum, mas as tensões e as exigências da vida deixam às vezes pouco tempo para que o casal pense no pote, e um dia eles descobrem que ele está vazio.

Sem dúvida, a reação é o desapontamento e a raiva. "Por que *ela* não faz alguma coisa?" — ele se pergunta. "Como poderia *ele* ter deixado isso acontecer?" — resmunga ela. E o grande segredo neste caso é desistir de esperar que a *outra* pessoa faça alguma coisa. Não importa o quão cansado ou perturbado você possa estar, atire uma pequena coisa no pote — um pouco de ternura, um abraço, a determinação carinhosa de resolver uma divergência, porque ele é um pote mágico, é claro, e pequenas contribuições atraem outras semelhantes, que então se multiplicam. E, desse modo, o "pote" do relacionamento permanece cheio, interessante e gratificante.

– 42 –

Ficar atento ao "pote" requer estar consciente em meio aos detalhes da vida que tomam tanto tempo e reflexão. Ficar atento ao "pote" exige que nos lembremos das nossas promessas de casamento com carinhosa atenção.

Elizabeth Cogburn, fundadora dos Tree of Life Ceremonials, disse que "amor sem consciência é sofrimento". Ao mesmo tempo que prometerem o coração um ao outro, prometam também a consciência e o compromisso de expandi-la em profundidade e qualidade através de todos os anos da sua vida.

O VIGÉSIMO OITAVO DIA

Caminho com você para sempre, levando comigo meu coração e minha liberdade.

Esta é uma jornada da alma em direção aos mistérios da união, e, como todas as jornadas rumo ao desconhecido, ela terá seus perigos e seus encantos.
Nossa compaixão e nossa liberdade individual são fundamentais para o sucesso desta jornada.

Honro o seu coração e a sua liberdade com o meu amor e a minha fé na nossa vida em comum.

O VIGÉSIMO SÉTIMO DIA

Caminho com você para sempre, levando comigo meu coração e minha liberdade.

Sinto ser apropriado, no início das devoções para o nosso casamento, recordar os pais, os parentes mais velhos, os irmãos (tanto os de sangue como os de coração) e as circunstâncias que me moldaram, bem como aquelas que, por sua vez, moldaram você.
Sou grato pelo fato de os caminhos da nossa vida nos terem reunido.

Honro o seu coração e a sua liberdade com o meu amor e a minha fé na nossa vida em comum.

O VIGÉSIMO SEXTO DIA

Caminho com você para sempre, levando comigo meu coração e minha liberdade.

Estas devoções são uma maneira de reconhecer que tomei a decisão de me casar com você nas regiões mais íntimas e profundas do meu ser.

Peço que me seja concedida a maturidade exigida por este compromisso, e acolho o seu desafio e as suas contribuições para o meu crescimento.

Honro o seu coração e a sua liberdade com o meu amor e a minha fé na nossa vida em comum.

O VIGÉSIMO QUINTO DIA

Caminho com você para sempre, levando comigo meu coração e minha liberdade.

Nosso casamento não significa dois se tornando um, mas dois se tornando três. Há você, há eu, e há o nosso casamento, que possui vida e caráter próprios.

Prometo ser receptivo e alimentar as necessidades desse suave "terceiro", fazer escolhas que o protejam e criar um clima em que possa expandir-se em beleza e segurança sob a orientação do Eterno.

Honro o seu coração e a sua liberdade com o meu amor e a minha fé na nossa vida em comum.

O VIGÉSIMO QUARTO DIA

Caminho com você para sempre, levando comigo meu coração e minha liberdade.

Não mais viverei num sistema fechado, apenas com os amigos, pais e conselheiros.
Minha vida desabrochará agora no testemunho diário de outra pessoa.
Peço que me seja concedida a coragem de aceitar essa intimidade e de abraçá-la como um portão para a revelação e a descoberta.

Honro o seu coração e a sua liberdade com o meu amor e a minha fé na nossa vida em comum.

O VIGÉSIMO TERCEIRO DIA

Caminho com você para sempre, levando comigo meu coração e minha liberdade.

Nosso amor está agora cercado de confiança, mas sei que poderá haver entre nós momentos de distância e de confusão. Espero que possamos ter um lugar onde nos reencontrar quando estivermos perdidos — nas montanhas, na nossa igreja ou templo, na praia, ao lado da nossa árvore predileta, numa brincadeira particular que compartilhemos ou numa música que nos traga recordações.

Honro o seu coração e a sua liberdade com o meu amor e a minha fé na nossa vida em comum.

O VIGÉSIMO SEGUNDO DIA

Caminho com você para sempre, levando comigo meu coração e minha liberdade.

Para sempre, eternamente e para toda a vida: estas palavras evocam sentimentos de bem-estar e de incerteza. Como posso me comprometer com conceitos que se situam fora dos limites do entendimento tangível?

Tranqüilizo-me ao recordar que hoje, ontem e amanhã são lugares no caminho para o eterno.

Permanecer vivo diante das possibilidades, riscos e recompensas da vida cotidiana cria uma ponte que posso atravessar em segurança rumo ao desconhecido existente em mim mesmo e no nosso relacionamento.

Honro o seu coração e a sua liberdade com o meu amor e a minha fé na nossa vida em comum.

O VIGÉSIMO PRIMEIRO DIA

Caminho com você para sempre, levando comigo meu coração e minha liberdade.

"Tudo começa em casa." Minha reação diante do mundo começa conosco — na maneira como conversamos um com o outro, no modo pelo qual concedemos o nosso perdão, nas nossas esperanças e nos nossos planos.

À medida que consigo me relacionar mais habilmente com você e com aqueles que poderão vir a compartilhar nosso lar, dou um passo à frente como cidadão do meu país e do mundo.

Honro o seu coração e a sua liberdade com o meu amor e a minha fé na nossa vida em comum.

O VIGÉSIMO DIA

Caminho com você para sempre, levando comigo meu coração e minha liberdade.

E também levo o meu bom humor! O riso é a alegria do coração. Rir juntos representa selar nossa amizade com o nosso estilo de graça e jovialidade.

O humor é capaz de animar os dias bons e nos ajudar a atravessar os difíceis.

Quando eu rememorar os sons do nosso casamento, que o riso ecoe nas minhas lembranças.

Honro o seu coração e a sua liberdade com o meu amor e a minha fé na nossa vida em comum.

O DÉCIMO NONO DIA

Caminho com você para sempre, levando comigo meu coração e minha liberdade.

Temos interesses e paixões em comum, mas também existem aqueles que nos atraem separadamente.

Não posso esperar que você compartilhe de tudo o que me entusiasma, mas espero que você respeite minhas preferências e tentarei também respeitar as suas.

Honro o seu coração e a sua liberdade com o meu amor e a minha fé na nossa vida em comum.

O DÉCIMO OITAVO DIA

Caminho com você para sempre, levando comigo meu coração e minha liberdade.

Os limites fazem parte da vida, e a maneira como reajo a eles pode determinar se viverei uma vida cheia de desapontamentos e culpas ou de desafios e recompensas.

Diz-se que escolhemos, em grande parte, a qualidade da nossa vida.

Que eu possa reagir aos limites do meu relacionamento com determinação, equilíbrio e flexibilidade mental.
Que eu possa escolher limites que libertem.
Que eu possa atrair os limites que me conduzem ao lugar onde o desafio e o vigor se mesclam.

Honro o seu coração e a sua liberdade com o meu amor e a minha fé na nossa vida em comum.

O DÉCIMO SÉTIMO DIA

Caminho com você para sempre, levando comigo meu coração e minha liberdade.

Perdoar significa tocar o espírito vital de Deus.
Para que eu possa verdadeiramente esquecer minhas feridas, reais e imaginárias, preciso reconhecer minha própria capacidade de ferir.
Que possamos aprender com as nossas feridas e abençoar um ao outro com a disposição de perdoar.

Honro o seu coração e a sua liberdade com o meu amor e a minha fé na nossa vida em comum.

O DÉCIMO SEXTO DIA

Caminho com você para sempre, levando comigo meu coração e minha liberdade.

Mais cedo ou mais tarde, teremos problemas com o dinheiro, pois ele é, afinal de contas, o meio de troca dominante no mundo. Mas não somos o dinheiro.
Tomar decisões judiciosas a respeito das coisas práticas que nos rodeiam faz parte de um relacionamento saudável.

O sentido de equilíbrio com relação à importância do dinheiro e do que ele pode ou não nos proporcionar faz parte desse relacionamento saudável.

Honro o seu coração e a sua liberdade com o meu amor e a minha fé na nossa vida em comum.

O DÉCIMO QUINTO DIA

Caminho com você para sempre, levando comigo meu coração e minha liberdade.

O convite para que eu compartilhe minha vida com um "outro" igual e distinto de mim é uma aventura do chamado mais elevado. Posso vir a conhecer cada detalhe do seu rosto, seus altos e baixos, suas idiossincrasias e os padrões que determinam a maneira como você vive o dia-a-dia.
Mas não posso realmente saber como é ser você.
Graças a Deus! A qualidade desse elemento desconhecido é um elixir que mantém viva a nossa dança.

Honro o seu coração e a sua liberdade com o meu amor e a minha fé na nossa vida em comum.

O DÉCIMO QUARTO DIA

Caminho com você para sempre, levando comigo meu coração e minha liberdade.

As tradições acrescentam sabor ao casamento como os temperos a uma sopa. Trazemos muitas tradições da nossa família e da nossa formação, e acolhê-las é como visitar um velho amigo de confiança.
Mas quero me lembrar de que juntos podemos formar novas

– 50 –

tradições e de que, quando o fizermos, enriqueceremos nossa vida com a magia da criação.

Sou minha história viva, e minhas cerimônias e celebrações proporcionam os momentos para que eu incorpore experiências e descobertas à minha vida e saboreie a plenitude e a pungência da jornada.

Honro o seu coração e a sua liberdade com o meu amor e a minha fé na nossa vida em comum.

O DÉCIMO TERCEIRO DIA

Caminho com você para sempre, levando comigo meu coração e minha liberdade.

Admitir que não tenho todas as respostas significa despertar um frescor e uma inocência que podem conduzir a uma solução impalpável.

Todos temos nossas áreas de especialidade, mas ser um especialista em tudo é negar o poder da sinceridade de declarar: "Não sei."

Que possamos abençoar nossos problemas com esse poder e com a disposição de aprender a partir de uma esfera de indagação aberta.

Honro o seu coração e a sua liberdade com o meu amor e a minha fé na nossa vida em comum.

O DÉCIMO SEGUNDO DIA

Caminho com você para sempre, levando comigo meu coração e minha liberdade.

Na união dos nossos corpos exploramos a expressão da nossa intimidade.

– 51 –

Ternura, aventura, prazer, libertação — e união.

É aqui que contemplamos um no outro o deus e a deusa, e alcançamos o ritmo e a cadência universais da vida e da criação. Prometo reservar o momento e o lugar para essa ocasião particular de mistério e paixão e desfrutar o encanto na união do nosso corpo e da nossa alma.

Honro o seu coração e a sua liberdade com o meu amor e a minha fé na nossa vida em comum.

O DÉCIMO PRIMEIRO DIA

Caminho com você para sempre, levando comigo meu coração e minha liberdade.

"A comunicação sustenta o amor."[2] Ela é a arte e a destreza da expressão.

Você sempre ouve o que eu estou querendo dizer? Como podemos dizer claramente as coisas um ao outro?

Precisarei descobrir os melhores momentos para compartilhar minhas novidades, opiniões, dúvidas e revelações.

Não temos o direito de dizer um ao outro como agir, mas podemos fazer sugestões delicadas com relação a como e quando falar para que a nossa mensagem possa ser recebida sem as distorções que tão amiúde geram confusão e uma reação de defesa.

Honro o seu coração e a sua liberdade com o meu amor e a minha fé na nossa vida em comum.

O DÉCIMO DIA

Caminho com você para sempre, levando comigo meu coração e minha liberdade.

– 52 –

Nossas eventuais viagens poderão nos afastar um do outro, e preciso me lembrar de que a separação pode trazer a renovação, de abençoar os momentos em que estamos separados e de exultar com a oportunidade de nos reunirmos outra vez. As separações me proporcionam tempo para refletir sobre o amor e para senti-lo de uma maneira extremamente vital enquanto sinto falta do meu parceiro, amante e amigo.

Honro o seu coração e a sua liberdade com o meu amor e a minha fé na nossa vida em comum.

O NONO DIA

Caminho com você para sempre, levando comigo meu coração e minha liberdade.

Discutir significa tocar a face da nossa humanidade em toda a sua fúria. Um relacionamento começa a morrer quando as pessoas param de falar a respeito daquilo que as incomoda. Tenho a esperança de que poderemos discordar com receptividade e respeito do ponto de vista do outro.

Mas se esse ideal fracassar, que eu discuta com dignidade, me atenha ao assunto em pauta e evite da melhor maneira magoar você. A raiva pode gerar uma sinceridade por vezes tardia. Ela pode proporcionar o impulso para que resolvamos uma insatisfação que podemos estar desprezando.

E que eu me lembre de que não importa o fato de termos elevado a voz; o que importa é que a nossa verdade e a nossa impetuosidade possam abrir um canal para a resolução.

Honro o seu coração e a sua liberdade com o meu amor e a minha fé na nossa vida em comum.

– 53 –

O OITAVO DIA

Caminho com você para sempre, levando comigo meu coração e minha liberdade.

Entro nesta aliança sagrada com força e habilidade, e também com mágoas e dramas irresolvidos antigos e recentes.

Nossa vida é uma obra em andamento, e cada um de nós tem sua tarefa individual. Não esperarei que você cure as minhas feridas e respeitarei a sua necessidade de cuidar do seu jardim particular. Não podemos realizar o trabalho interior um do outro, embora possamos oferecer nossa presença, compreensão e estímulo.

Honro o seu coração e a sua liberdade com o meu amor e a minha fé na nossa vida em comum.

O SÉTIMO DIA

Caminho com você para sempre, levando comigo meu coração e minha liberdade.

Uma coisa é assumir um compromisso. Outra bem diferente é reassumi-lo. Reassumir um compromisso significa lembrar a promessa que fiz a mim mesmo sobre os desejos do meu coração; fazer uma pausa em meio à frustração, ao impasse, à distância que pode aumentar entre duas pessoas em virtude das exigências e das tensões da vida; dizer novamente sim um ao outro, e abençoar nosso casamento com um amor renovado.

Honro o seu coração e a sua liberdade com o meu amor e a minha fé na nossa vida em comum.

O SEXTO DIA

Caminho com você para sempre, levando comigo meu coração e minha liberdade.

Precisarei descobrir o que você faz quando fica com medo. Freqüentemente sentimos que apenas as crianças têm o direito de ter medo. Não temos uma linguagem para esse sentimento no nosso mundo adulto e nos ocultamos na raiva, na depressão e na ansiedade.

Isso pode ser perturbador, tanto para nós mesmos como para o nosso relacionamento.

Precisamos de uma qualidade diferente de apoio quando ficamos assustados. Tentarei ser sincero quando tiver medo e convido você a fazer o mesmo.

Honro o seu coração e a sua liberdade com o meu amor e a minha fé na nossa vida em comum.

O QUINTO DIA

Caminho com você para sempre, levando comigo meu coração e minha liberdade.

A cortesia é mais do que boas maneiras; ela transmite uma sensação de respeito benevolente.

Sorrimos para pessoas que não conhecemos e em geral respondemos educadamente às perguntas de estranhos, mas somos capazes de esquecer o valor da diplomacia em nosso próprio lar.

Tentarei mostrar o respeito que sinto por você, mesmo quando estivermos cansados e aborrecidos, porque é nesses momentos que a cortesia é mais necessária.

Honro o seu coração e a sua liberdade com o meu amor e a minha fé na nossa vida em comum.

O QUARTO DIA

Caminho com você para sempre, levando comigo meu coração e minha liberdade.

Meus desejos dão origem à minha visão. Eles me fornecem pistas valiosas a respeito de quem sou num momento específico. Compreender *por que* quero aquilo que quero significa ficar atento às qualidades desses desejos.

À medida que aprendemos no casamento a distinguir entre os desejos provocados pela reação e os que emanam do nosso verdadeiro espírito, passamos a acalentar aqueles que refletem o que há de melhor em nós.

Honro o seu coração e a sua liberdade com o meu amor e a minha fé na nossa vida em comum.

O TERCEIRO DIA

Caminho com você para sempre, levando comigo meu coração e minha liberdade.

Somos parte de uma nova e nobre experiência na história da humanidade.

Foi apenas recentemente que o casamento deixou de ser uma obrigação imposta pelo poder econômico, pela família e pela comunidade e se tornou uma parceria de amor, confiança e esperanças compartilhadas.

Lembrar-me-ei de que toda nova criação requer paciência, compromisso e a disposição de ficar frustrado de vez em quando.

*Honro o seu coração e a sua liberdade com o meu amor e a
minha fé na nossa vida em comum.*

O SEGUNDO DIA

*Caminho com você para sempre, levando comigo meu cora-
ção e minha liberdade.*

Preciso agora dizer o que está no fundo do meu coração:

. . . .

*Honro o seu coração e a sua liberdade com o meu amor e a
minha fé na nossa vida em comum.*

A VÉSPERA DO CASAMENTO

*Caminho com você para sempre, levando comigo meu cora-
ção e minha liberdade.*

Diz-se que se queremos encontrar o milagroso devemos contemplar o corriqueiro, mas que devemos fazê-lo com muita
atenção.[3] Ocultos na maneira como moldamos dia a dia a nossa vida conjunta estão a força e o milagre da nossa união.
Prometo reparar nos pequenos milagres e exaltar a satisfação
do ritmo dos nossos dias, noites, estações e anos.

*Honro o seu coração e a sua liberdade com o meu amor e a
minha fé na nossa vida em comum.*

O DIA DO CASAMENTO

*Caminho com você para sempre, levando comigo meu cora-
ção e minha liberdade.*

Que a luz do Espírito Único brilhe sobre os caminhos que
levam aos nossos sonhos.

Que nos regozijemos na oportunidade e plenitude da expressão compartilhada.

Que as nossas forças nos abençoem com recompensas e sabedoria.

Que possamos descansar na graça Daquele que nos guia e sustenta.

Que possamos conhecer a doçura e a força de uma promessa mantida por toda uma vida.

Honro o seu coração e a sua liberdade com o meu amor e a minha fé na nossa vida em comum.

A Mudança de Casa

Nosso lar é o cenário da parte mais pessoal da nossa vida. Ele é o nosso ninho. Pode ser um porto seguro ou um campo de batalha, a depender da natureza do drama que estejamos vivendo na ocasião.

Sair de uma casa e mudar-se para outra despertam uma gama variada de reações emocionais, e é por isso que a mudança está tão perto do topo da "lista de estresse". T. S. Eliot diz: "No meu fim está o meu início", e o meu palpite é que ele está certo. Se pudermos nos centrar um pouco em meio ao caos que costuma acompanhar uma mudança, talvez a nossa transição seja mais suave.

Estas devoções incluem uma semana de recitações para os dias que antecedem o dia da mudança e três semanas de recitações para o novo local. Escolha os lugares para as recitações, indo de cômodo em cômodo. Talvez você já tenha encontrado o coração do seu novo lar e deseje aprofundar e confirmar esse sentimento com suas devoções.

Quer a mudança ocorra em circunstâncias alegres ou sombrias, é sempre um recomeço. Dedique um momento pela manhã e outro à noite para preencher esse começo com a sua presença e atenção. Pense nesse início como um presente que você oferece a si mesmo para festejar o ingresso na nova casa.

SETE DIAS ANTES DA MUDANÇA

O cenário da minha vida está prestes a mudar; velhas portas se fecham e novas estão se abrindo.

Chegou o momento de dizer adeus ao que de melhor e pior me aconteceu no meu antigo ambiente.

Que esta semana seja uma ocasião em que as lembranças desta casa fluam através de mim, permitindo que eu as sinta, confirme e aprenda com elas.

Honro este lugar que me ofereceu abrigo, e abraço as transformações e oportunidades que esta mudança traz para a minha vida.

SEIS DIAS ANTES DA MUDANÇA

O cenário da minha vida está prestes a mudar; velhas portas se fecham e novas estão se abrindo.

Enquanto me ocupo com os preparativos para a mudança, peço que a espada do discernimento oriente as minhas escolhas.

Que eu possa me desfazer das coisas e maneiras de ser que se deterioraram e conhecer com clareza as coisas e maneiras de ser que serão bem-vindas e necessárias no meu novo ambiente.

*Honro este lugar que me ofereceu abrigo, e abraço as trans-
formações e oportunidades que esta mudança traz para a minha vida.*

CINCO DIAS ANTES DA MUDANÇA

*O cenário da minha vida está prestes a mudar; velhas portas
se fecham e novas estão se abrindo.*

Esta última semana pode parecer caótica. A organização que
tanto antecipei se perde à medida que me preparo para a mudança tentando administrar as partes da minha vida e do meu
trabalho que precisam continuar como se nada estivesse mudando. Que eu possa usar este momento de tranqüilidade para
me reequilibrar e redirecionar.

*Honro este lugar que me ofereceu abrigo, e abraço as trans-
formações e oportunidades que esta mudança traz para a minha vida.*

QUATRO DIAS ANTES DA MUDANÇA

*O cenário da minha vida está prestes a mudar; velhas portas
se fecham e novas estão se abrindo.*

Incomoda-me o fato de poder haver coisas importantes a
ser feitas que serão esquecidas e perdidas em meio a tanta
atividade. Abro-me à orientação que me guiará, em equilíbrio, no cuidado com os detalhes que acompanham esta mudança.

*Honro este lugar que me ofereceu abrigo, e abraço as trans-
formações e oportunidades que esta mudança traz para a minha vida.*

TRÊS DIAS ANTES DA MUDANÇA

O cenário da minha vida está prestes a mudar; velhas portas se fecham e novas estão se abrindo.

Hoje reflito sobre a maneira como me modifiquei durante o tempo que passei neste lugar, as circunstâncias que me trouxeram aqui, e agora sobre os eventos que prepararam o caminho para esta mudança.

Lembro-me da pessoa que eu era na primeira vez em que atravessei esta porta e reconheço a pessoa em que me tornei.

Honro este lugar que me ofereceu abrigo, e abraço as transformações e oportunidades que esta mudança traz para a minha vida.

DOIS DIAS ANTES DA MUDANÇA

O cenário da minha vida está prestes a mudar; velhas portas se fecham e novas estão se abrindo.

Vou de cômodo em cômodo recolhendo o que é meu, permitindo que a casa retorne ao seu vazio inicial. Tentarei deixá-la de uma maneira que pareça acolher a próxima pessoa que for chamá-la de lar.

Honro este lugar que me ofereceu abrigo, e abraço as transformações e oportunidades que esta mudança traz para a minha vida.

A VÉSPERA DO DIA DA MUDANÇA

O cenário da minha vida está prestes a mudar; velhas portas se fecham e novas estão se abrindo.

Agradeço, pela última vez, por este local que me abrigou.

Contemplo com ternura o cenário dos meus dias e noites se transformar em recordação.

Adeus, e que a vida que me substituir aqui seja abençoada.

Honro este lugar que me ofereceu abrigo, e abraço as transformações e oportunidades que esta mudança traz para a minha vida.

O DIA DA MUDANÇA — O PRIMEIRO
DIA NA NOVA CASA

O cenário da minha vida mudou; velhas portas se fecham e novas estão se abrindo.

Embora eu possa ter visto antes este local, agora chego para torná-lo meu, chamá-lo de meu lar.

Cumprimento a essência deste novo cenário.

Honro este lugar que me abrigará, e abraço as transformações e oportunidades que esta mudança traz para a minha vida.

O SEGUNDO DIA

O cenário da minha vida mudou; velhas portas se fecharam e novas estão se abrindo.

Os lugares são testemunhas. Têm histórias silenciosas para contar.

Absorvem os eventos que presenciaram e refletem as personalidades que acolheram.

Convido uma presença purificadora a me acompanhar por toda esta casa e peço a liberação das energias deterioradas e das trevas remanescentes.

– 64 –

Honro este lugar que me abrigará, e abraço as transformações e oportunidades que esta mudança traz para a minha vida.

O TERCEIRO DIA

O cenário da minha vida mudou; velhas portas se fecharam e novas estão se abrindo.

Honro o passado, o caminho que me trouxe a esta mudança, e acolho este novo lugar com expectativas e esperanças.

Honro este lugar que me abrigará, e abraço as transformações e oportunidades que esta mudança traz para a minha vida.

O QUARTO DIA

O cenário da minha vida mudou; velhas portas se fecharam e novas estão se abrindo.

Peço conscientemente ao Divino, com toda a sua graça e proteção, que se mude comigo junto com minhas caixas e meus pertences.

Honro este lugar que me abrigará, e abraço as transformações e oportunidades que esta mudança traz para a minha vida.

O QUINTO DIA

O cenário da minha vida mudou; velhas portas se fecharam e novas estão se abrindo.

Dedico a devoção de hoje à melhor e mais radiante parte do meu ser. A recitação das minhas devoções reflete o meu desejo de uma crescente presença e consciência neste novo ambiente.

Honro este lugar que me abrigará, e abraço as transformações e oportunidades que esta mudança traz para a minha vida.

O SEXTO DIA

O cenário da minha vida mudou; velhas portas se fecharam e novas estão se abrindo.

Há tanta coisa a fazer e estou ansioso para me instalar. Farei uma pausa agora para acolher este processo.
E me lembrarei de como pode ser divertido encontrar novos lugares para meus antigos tesouros, prometendo a mim mesmo ter paciência ao longo do caminho.

Honro este lugar que me abrigará, e abraço as transformações e oportunidades que esta mudança traz para a minha vida.

O SÉTIMO DIA

O cenário da minha vida mudou; velhas portas se fecharam e novas estão se abrindo.

Completa-se hoje uma semana que estou em meu novo lar. Celebrarei agradecendo e refletindo sobre a qualidade sagrada dos novos inícios.
Quer as circunstâncias que me trouxeram aqui tenham nascido da dor ou da alegria, trata-se de fato de um novo começo, e peço que a pessoa que me tornarei sob este teto seja abençoada.

Honro este lugar que me abrigará, e abraço as transformações e oportunidades que esta mudança traz para a minha vida.

O OITAVO DIA

O cenário da minha vida mudou; velhas portas se fecharam e novas estão se abrindo.

Assim como tentei deixar para trás atitudes ultrapassadas, contemplo agora os hábitos que gostaria de mudar, as virtudes que gostaria de adquirir e as alegrias que gostaria de viver aqui.

Honro este lugar que me abrigará, e abraço as transformações e oportunidades que esta mudança traz para a minha vida.

O NONO DIA

O cenário da minha vida mudou; velhas portas se fecharam e novas estão se abrindo.

Dedico a devoção desta manhã e desta noite aos meus parentes mais velhos em cujos lares aprendi a respeito do mundo.
E penso em quais aspectos quero que minha casa seja semelhante à deles e em quais quero que seja diferente.

Honro este lugar que me abrigará, e abraço as transformações e oportunidades que esta mudança traz para a minha vida.

O DÉCIMO DIA

O cenário da minha vida mudou; velhas portas se fecharam e novas estão se abrindo.

O ato de desfazer as malas me dá a oportunidade de fazer uma melhor separação. Agora que estou aqui, o que posso ter trazido que não é adequado?
Continuo o processo de liberar o desnecessário jogando fora, ou passando adiante, o que não me será útil.

Honro este lugar que me abrigará, e abraço as transformações e oportunidades que esta mudança traz para a minha vida.

O DÉCIMO PRIMEIRO DIA

O cenário da minha vida mudou; velhas portas se fecharam e novas estão se abrindo.

A liberação abre espaço para a criação e me dá a oportunidade de pensar nas novas coisas de que preciso para fazer esta casa refletir a beleza e a harmonia que espero sentir aqui.
Refletirei com calma sobre as minhas novas aquisições e apreciarei escolhê-las, pensando em como elas se ajustarão às características do meu novo lar.

Honro este lugar que me abrigará, e abraço as transformações e oportunidades que esta mudança traz para a minha vida.

O DÉCIMO SEGUNDO DIA

O cenário da minha vida mudou; velhas portas se fecharam e novas estão se abrindo.

Peço orientação e proteção entre estas paredes, bem como a segurança interior de que preciso para correr os riscos necessários a fim de que meus sonhos se tornem realidade.

– 68 –

Honro este lugar que me abrigará, e abraço as transformações e oportunidades que esta mudança traz para a minha vida.

O DÉCIMO TERCEIRO DIA

O cenário da minha vida mudou; velhas portas se fecharam e novas estão se abrindo.

Concentro-me hoje nas pessoas ao meu redor que definem as palavras "amigos" e "família".

Que meu novo lar seja um lugar onde possamos aprofundar esses relacionamentos, compartilhar a história da nossa vida e desfrutar a alegria do nosso vínculo.

Honro este lugar que me abrigará, e abraço as transformações e oportunidades que esta mudança traz para a minha vida.

O DÉCIMO QUARTO DIA

O cenário da minha vida mudou; velhas portas se fecharam e novas estão se abrindo.

O caminho que conduz a este lugar já me é familiar agora, e já consigo até me lembrar do meu novo código postal! Mudança de lugar, mudança de mundo.

Estou mostrando a mim mesmo, diretamente, que sou capaz de mudar com graça e presença de espírito.

À medida que desenvolvo a minha habilidade de imaginar e refletir, aumento a minha flexibilidade e antecipo um maior equilíbrio nas minhas mudanças e transições.

Honro este lugar que me abrigará, e abraço as transformações e oportunidades que esta mudança traz para a minha vida.

O DÉCIMO QUINTO DIA

O cenário da minha vida mudou; velhas portas se fecharam e novas estão se abrindo.

Agora que tomei posse de você, eu o batizo como um porto seguro onde posso me curar nas ocasiões de conflito e me renovar nos momentos de tensão.
Posso contar sempre com a sua proteção.

Honro este lugar que me abrigará, e abraço as transformações e oportunidades que esta mudança traz para a minha vida.

O DÉCIMO SEXTO DIA

O cenário da minha vida mudou; velhas portas se fecharam e novas estão se abrindo.

Reflito neste momento sobre o meu ambiente imediato.
Como me sinto a respeito das pessoas e dos lugares que circundam esta casa? Já me adaptei ao meio? Eu me interesso por ele?
Estou ligado a tudo o que me rodeia e refletirei nesta devoção para verificar se existem coisas que preciso fazer para melhorar essa ligação.

Honro este lugar que me abrigará, e abraço as transformações e oportunidades que esta mudança traz para a minha vida.

O DÉCIMO SÉTIMO DIA

O cenário da minha vida mudou; velhas portas se fecharam e novas estão se abrindo.

O que eu gostaria que me acontecesse durante a minha permanência nesta casa?

Pensarei hoje a respeito das minhas metas para o futuro próximo e distante.

Se este é o meu cenário, que papéis mais desejo interpretar?

Honro este lugar que me abrigará, e abraço as transformações e oportunidades que esta mudança traz para a minha vida.

O DÉCIMO OITAVO DIA

O cenário da minha vida mudou; velhas portas se fecharam e novas estão se abrindo.

Observo com interesse os eventos e pequenos rituais familiares do meu dia que começam a tomar forma neste novo mundo.

Como é doce esta combinação do antigo com o novo!

Honro este lugar que me abrigará, e abraço as transformações e oportunidades que esta mudança traz para a minha vida.

O DÉCIMO NONO DIA

O cenário da minha vida mudou; velhas portas se fecharam e novas estão se abrindo.

Todos conversam mentalmente consigo mesmos.

Estou usando meu novo ambiente para criar diálogos mais positivos comigo mesmo e para transmitir respeito e paciência?

Novos ambientes são propícios a novas maneiras de ser, com relação a nós mesmos e aos outros.

*Honro este lugar que me abrigará, e abraço as transformações
e oportunidades que esta mudança traz para a minha vida.*

O VIGÉSIMO DIA

*O cenário da minha vida mudou; velhas portas se fecharam
e novas estão se abrindo.*

Neste momento de tranqüila concentração, prometo acrescentar os pequenos detalhes que me fazem lembrar de celebrar um pouco todos os dias — a música, as flores, o cartão postal recebido de um ente querido colocado bem à vista.

Nesse espírito de celebração, é hora de eu dizer, tanto para mim mesmo como para o meu novo lar, o que sinto no fundo do meu coração:

. . . .

*Honro este lugar que me abrigará, e abraço as transformações
e oportunidades que esta mudança traz para a minha vida.*

O VIGÉSIMO PRIMEIRO DIA

*O cenário da minha vida mudou; velhas portas se fecharam
e novas estão se abrindo.*

Minhas devoções em meu novo lar chegam ao fim.

Que a presença que acompanhou estas recitações atraia um profundo equilíbrio para o meu mundo.

Que minhas reações sejam sadias, minhas intuições verdadeiras e que eu possa atravessar com graça e otimismo todas as transformações do meu caminho.

Honro este lugar que me abrigará, e abraço as transformações e oportunidades que esta mudança traz para a minha vida.

O Fim de um Relacionamento

Um dos motivos pelos quais o término de um relacionamento é tão doloroso é o fato de seu início ser de grande alegria e contentamento. Mesmo que não tenha sido formalizada pelo casamento, a união nasceu com esperança, bom humor, planos e perspectivas comuns. Ficar sozinho na sombra do desapontamento e dos sonhos abandonados nos parece extremamente injusto, pois buscávamos a felicidade com enorme otimismo.

Quando o coração se despedaça, ele se apega aos extremos da emoção. A negação pode prevalecer num dia, e o desespero no dia seguinte. A raiva e a culpa trocam de lado como a bola num interminável jogo de vôlei, e pode parecer impossível encontrar um local tranqüilo e seguro. Como podemos prosseguir em meio a tanta turbulência e frustração?

A sinceridade pode nos trazer um surpreendente alívio. Quando somos finalmente capazes de falar com sinceridade a respeito da nossa dor, podemos nos abrir ao consolo daqueles que nos amam e à orientação Daquele cujo amor é inesgotável. Por que fingimos que não estamos sofrendo e menosprezamos a importância dessa dor? A quem julgamos estar enganando? Decidimos correr o risco e nos aproximamos de um parceiro que se tornou o tesouro do nosso coração, e agora, além de termos de suportar sozinhos essa dor, descobrimos que ela, em sua própria essência, é provocada por aquele que amamos.

Partir e ser abandonado possuem suas perspectivas particulares, mas a dor pode ser fundamentalmente a mesma. Nosso intelecto poderá nos convencer de que é necessário tomar a decisão de partir, mas o coração poderá estar longe de sentir essa segurança, uma vez que perderá as partes do relacionamento que são gratificantes e familiares. A incerteza e a culpa podem nos atormentar enquanto nos perguntamos se não estaremos deixando para trás algo que fomos incapazes de fazer funcionar por causa da nossa imaturidade e impaciência.

Quando somos abandonados, ficamos frente a frente com a traição, a desilusão e a derrota. A rejeição ameaça a nossa auto-estima, e o medo de ficarmos sozinhos pode nos perseguir, mesmo que estejamos rodeados de amigos e atividades.

Em meio à minha difícil separação, o mundo de repente passou de colorido a preto e branco. Pareceu-me que uma grande parte da minha vitalidade havia sido perdida na reestruturação cotidiana da vida, o que foi enfadonho e desalentador. Senti-me também profundamente humilhada, pois no ano anterior eu parecera ter quase todas as respostas, e depois, ao sofrer essa mudança, nenhuma daquelas respostas parecia fazer sentido.

Foi um longo e doloroso inverno. Prossegui da melhor maneira que pude. Comemorei os dias festivos com apático entusiasmo. Apoiei-me o mais possível nos amigos e na minha família, sem no entanto me tornar inconveniente. Meu apartamento ora exibia uma ordem compulsiva, ora um completo caos.

Finalmente, os botões brotaram, o ar ficou mais quente e a vida começou aos poucos a renascer. Certo dia, eu estava atravessando o parque de carro com um amigo e fiquei maravilhada com a beleza ao meu redor. Exclamei que há anos não me lembrava de ter visto uma primavera tão bela. Ele olhou sorrindo para mim e disse: "Você reviveu" — e estava certo. Eu sobrevivera a um sombrio inverno e a uma longa jornada de dor e incerteza, e embora eu talvez não tivesse de novo todas as respostas, estava seguindo meu caminho. A cor definitivamente voltara.

Não importa a sua aparência exterior; esta é uma época de sofrimento. Você precisa saber que isso é normal e saudável. Dê às suas lágrimas o respeito e a liberdade que merecem, pois elas lhe proporcionam consolo e libertação. Ouça a história daqueles que estão ao seu redor. Todos já fomos feridos, e essa dolorosa verdade pode ser um lembrete tranqüilizador de que, embora você possa achar que está sozinho, na realidade não está. Outros já passaram por essa experiência e podem lhe oferecer conselho e consolo.

Ouça suas *próprias* histórias e permita que a sinceridade que elas encerram o conduzam e orientem. As devoções destinadas a atenuar o término de um relacionamento têm o propósito de colocá-lo em contato com essas histórias. À medida que penetra no espírito de tranqüilidade delas, você está fortalecendo a sua disposição de ficar curado e de ter novamente esperanças.

O PRIMEIRO DIA

O elo que sustentava meu coração e minhas esperanças se partiu, e peço orientação para que eu possa me desligar do passado e renovar minha vida.

Não tenho palavras para expressar a minha dor, a minha raiva, a minha confusão e a minha desilusão.

Lágrimas de ira e desesperança fluem através de mim, e o futuro perdeu a sua definição.

Tenho diante de mim muitos desafios, e o maior deles é descobrir quem eu sou. Respeito a minha busca desse conhecimento e estou certo de que ela me trará tranqüilidade e respostas.

O SEGUNDO DIA

O elo que sustentava meu coração e minhas esperanças se partiu, e peço orientação para que eu possa me desligar do passado e renovar minha vida.

Minhas emoções estão turbulentas, e praticamente não tenho momentos tranqüilos.

O caos interior é tão desconfortável quanto a idéia de estar novamente sozinho.

Preciso admitir esses dois sentimentos, bem como a oportu-

– 76 –

nidade de estar consciente deles, sabendo que a sinceridade gera o equilíbrio.

Tenho diante de mim muitos desafios, e o maior deles é descobrir quem eu sou. Respeito a minha busca desse conhecimento e estou certo de que ela me trará tranqüilidade e respostas.

O TERCEIRO DIA

O elo que sustentava meu coração e minhas esperanças se partiu, e peço orientação para que eu possa me desligar do passado e renovar minha vida.

Sinto-me zangado com muitas coisas enquanto me esforço para pôr em ordem meus dissabores.

É cedo demais para me libertar dessa raiva, de modo que a sustentarei o mais habilmente possível, permitindo que a sua força me leve às escolhas e decisões que exigem a minha atenção.

Tenho diante de mim muitos desafios, e o maior deles é descobrir quem eu sou. Respeito a minha busca desse conhecimento e estou certo de que ela me trará tranqüilidade e respostas.

O QUARTO DIA

O elo que sustentava meu coração e minhas esperanças se partiu, e peço orientação para que eu possa me desligar do passado e renovar minha vida.

Minha memória está vulnerável, e é fácil sentir falta da familiaridade e do bem-estar do "nós" e da sensação de que pertencíamos um ao outro. Procuro clareza para compreender por que esta dolorosa mudança é necessária.

Tenho diante de mim muitos desafios, e o maior deles é descobrir quem eu sou. Respeito a minha busca desse conhecimento e estou certo de que ela me trará tranqüilidade e respostas.

O QUINTO DIA

O elo que sustentava meu coração e minhas esperanças se partiu, e peço orientação para que eu possa me desligar do passado e renovar a minha vida.

Logo além da minha raiva e da minha dor jaz um campo de arrependimento.

Se ao menos isto tivesse acontecido em vez daquilo! Se eu tivesse feito escolhas diferentes, será que ainda estaríamos juntos? À medida que eu for perdoando a mim mesmo e à pessoa que amei, serei capaz de transformar o remorso em entendimento.

Tenho diante de mim muitos desafios, e o maior deles é descobrir quem eu sou. Respeito a minha busca desse conhecimento e estou certo de que ela me trará tranqüilidade e respostas.

O SEXTO DIA

O elo que sustentava meu coração e minhas esperanças se partiu, e peço orientação para que eu possa me desligar do passado e renovar minha vida.

Muitas mudanças acontecem gradualmente, ainda que pareçam muito repentinas. Eu posso ter tido dúvidas sobre a nossa vida em comum, mas de súbito aconteceu o pior.

Confiarei no ritmo dos dias e das noites à medida que eles passarem para me lembrar de que o tempo traz cura e aceitação.

Tenho diante de mim muitos desafios, e o maior deles é descobrir quem eu sou. Respeito a minha busca desse conhecimento e estou certo de que ela me trará tranqüilidade e respostas.

O SÉTIMO DIA

O elo que sustentava meu coração e minhas esperanças se partiu, e peço orientação para que eu possa me desligar do passado e renovar minha vida.

A intimidade se instala num relacionamento de modo intenso e silencioso e desperta a recordação com sua linguagem própria.

A intimidade que partilhamos aumenta esta mágoa, e eu me lembro de guardar esses sentimentos privados com respeito e de estender uma compreensão gentil às partes do meu ser que continuam sensíveis a essas lembranças.

Tenho diante de mim muitos desafios, e o maior deles é descobrir quem eu sou. Respeito a minha busca desse conhecimento e estou certo de que ela me trará tranqüilidade e respostas.

O OITAVO DIA

O elo que sustentava meu coração e minhas esperanças se partiu, e peço orientação para que eu possa me desligar do passado e renovar minha vida.

– 79 –

É preciso muito tempo, esforço e emoção para cuidar de um relacionamento desfeito. Será que deixei de dar a atenção necessária a amigos e familiares? Que interesses foram postos de lado por causa da prioridade que dei a esse relacionamento? Embora possa estar sofrendo, estou livre para contemplar as inúmeras possibilidades que a vida me oferece.

Tenho diante de mim muitos desafios, e o maior deles é descobrir quem eu sou. Respeito a minha busca desse conhecimento e estou certo de que ela me trará tranqüilidade e respostas.

O NONO DIA

O elo que sustentava meu coração e minhas esperanças se partiu, e peço orientação para que eu possa me desligar do passado e renovar minha vida.

Eu me sentia à vontade na segurança que uma união oferece, e agora freqüentemente me sinto instável e inseguro.

A humildade pode significar uma ligação com o milagroso quando rompe complicadas maneiras de pensar e de reagir e nos deixa abertos a sentir o mundo de uma perspectiva diferente. Tenho agora a oportunidade de renovar o meu ponto de vista e criar novos inícios.

Tenho diante de mim muitos desafios, e o maior deles é descobrir quem eu sou. Respeito a minha busca desse conhecimento e estou certo de que ela me trará tranqüilidade e respostas.

O DÉCIMO DIA

O elo que sustentava meu coração e minhas esperanças se partiu, e peço orientação para que eu possa me desligar do passado e renovar minha vida.

– 80 –

Cada vez que descrevo o que aconteceu, procuro esconder minha mágoa com palavras.

Sinto-me envergonhado e vulnerável.

As pessoas que fazem parte da minha vida merecem que eu lhes dê explicações para aliviá-las da sua preocupação, mas tenho o direito de decidir o quanto desejo revelar e a quem quero fazê-lo.

Tenho diante de mim muitos desafios, e o maior deles é descobrir quem eu sou. Respeito a minha busca desse conhecimento e estou certo de que ela me trará tranqüilidade e respostas.

O DÉCIMO PRIMEIRO DIA

O elo que sustentava meu coração e minhas esperanças se partiu, e peço orientação para que eu possa me desligar do passado e renovar minha vida.

Este é um momento em que alguns amigos darão aprovação e outros não — e todos terão conselhos a dar.

Talvez seja uma ocasião para eu refletir sobre o quanto minhas decisões são influenciadas pelos outros.

Preciso escolher com cuidado meus confidentes e precaver-me para não permitir que a confusão e os ressentimentos de terceiros passem a ser meus.

Eu sei que existe Aquele em quem sempre posso confiar.

Tenho diante de mim muitos desafios, e o maior deles é descobrir quem eu sou. Respeito a minha busca desse conhecimento e estou certo de que ela me trará tranqüilidade e respostas.

O DÉCIMO SEGUNDO DIA

O elo que sustentava meu coração e minhas esperanças se partiu, e peço orientação para que eu possa me desligar do passado e renovar minha vida.

Derramar minha raiva sobre aqueles que estão perto de mim não é uma resposta para a minha dor. Preciso me lembrar de que existem válvulas de escape mais saudáveis para a raiva, como uma enérgica caminhada, um banho quente, uma tarefa que exija toda a minha energia e atenção.

À medida que vou conseguindo encontrar maneiras seguras de extravasar a minha raiva, a aceitação pode aos poucos substituí-la.

Tenho diante de mim muitos desafios, e o maior deles é descobrir quem eu sou. Respeito a minha busca desse conhecimento e estou certo de que ela me trará tranqüilidade e respostas.

O DÉCIMO TERCEIRO DIA

O elo que sustentava meu coração e minhas esperanças se partiu, e peço orientação para que eu possa me desligar do passado e renovar minha vida.

É natural que eu procure lugares onde atirar minhas flechas de culpa. Algumas aterrissam firmemente sobre os meus julgamentos a respeito da pessoa que partiu e outras me ferem em minhas partes mais sensíveis.

Tentarei compreender que posso aprender mais com a responsabilidade do que com a culpa. Esforçar-me sinceramente para superar a minha raiva significa libertar-me da necessidade de censurar.

– 82 –

Tenho diante de mim muitos desafios, e o maior deles é descobrir quem eu sou. Respeito a minha busca desse conhecimento e estou certo de que ela me trará tranqüilidade e respostas.

O DÉCIMO QUARTO DIA

O elo que sustentava meu coração e minhas esperanças se partiu, e peço orientação para que eu possa me desligar do passado e renovar minha vida.

Preciso reconhecer que este relacionamento foi necessário, que ele levou profundamente a mim e a alguém que eu amava em direção às esferas da descoberta, da alegria e da confiança. O fato de este relacionamento ter sido incapaz de resistir a todos os desafios, mudanças e conflitos não deve diminuir o seu valor.

Tenho diante de mim muitos desafios, e o maior deles é descobrir quem eu sou. Respeito a minha busca desse conhecimento e estou certo de que ela me trará tranqüilidade e respostas.

O DÉCIMO QUINTO DIA

O elo que sustentava meu coração e minhas esperanças se partiu, e peço orientação para que eu possa me desligar do passado e renovar minha vida.

O fato de o meu relacionamento ter fracassado não implica que eu seja um fracasso.
É proveitoso que eu me lembre tanto das inúmeras coisas que faço como das qualidades que me fazem sentir feliz por ser eu mesmo. É útil que eu me lembre de que o meu relacionamento com Deus nunca pode fracassar.

Estou sem coragem, de coração partido e magoado, mas também me sinto animado. À medida que recupero minhas forças e renovo minha fé, sou capaz de encarar o caminho que me faça passar esta mudança com mais clareza e confiança.

Tenho diante de mim muitos desafios, e o maior deles é descobrir quem eu sou. Respeito a minha busca desse conhecimento e estou certo de que ela me trará tranqüilidade e respostas.

O DÉCIMO SEXTO DIA

O elo que sustentava meu coração e minhas esperanças se partiu, e peço orientação para que eu possa me desligar do passado e renovar minha vida.

Mesmo em meio à minha tristeza sei que a vida continua, e uso essa continuidade como uma afirmação de esperança e possibilidade.

Às vezes os pequenos detalhes da vida podem oferecer não apenas um confortador ritual como também um padrão familiar para me manter em segurança enquanto eu não estiver suficientemente curado para voltar a correr riscos.

Tenho diante de mim muitos desafios, e o maior deles é descobrir quem eu sou. Respeito a minha busca desse conhecimento e estou certo de que ela me trará tranqüilidade e respostas.

O DÉCIMO SÉTIMO DIA

O elo que sustentava meu coração e minhas esperanças se partiu, e peço orientação para que eu possa me desligar do passado e renovar minha vida.

Luto para encontrar uma nova maneira de me relacionar com alguém que já foi para mim amigo e amante, alguém que agora parece estranho e distante.

Nossa comunicação a respeito das decisões que precisamos tomar em conjunto com relação ao término do nosso relacionamento pode ser desgastante e difícil.

Tentarei não interpretar erroneamente o que for dito.

Peço para ter paciência e dignidade para tornar claras minhas necessidades, ao mesmo tempo que respeito, o máximo possível, o ponto de vista da outra pessoa.

Tenho diante de mim muitos desafios, e o maior deles é descobrir quem eu sou. Respeito a minha busca desse conhecimento e estou certo de que ela me trará tranqüilidade e respostas.

O DÉCIMO OITAVO DIA

O elo que sustentava meu coração e minhas esperanças se partiu, e peço orientação para que eu possa me desligar do passado e renovar minha vida.

Preciso atravessar níveis de sentimento, mas posso determinar o meu ritmo particular para aceitar e assimilar esta mudança.

Preciso me lembrar de que envolver-me de imediato num novo relacionamento pode trazer complicações das quais vou me arrepender.

Preciso me lembrar do meu direito de dizer não.

Tenho diante de mim muitos desafios, e o maior deles é descobrir quem eu sou. Respeito a minha busca desse conhecimento e estou certo de que ela me trará tranqüilidade e respostas.

O DÉCIMO NONO DIA

O elo que sustentava meu coração e minhas esperanças se partiu, e peço orientação para que eu possa me desligar do passado e renovar minha vida.

Busco orientação para dignificar minha dor e meu desapontamento sem que neles me perca. A amargura não é uma boa amiga a longo prazo.

O equilíbrio saudável entre a serenidade e a atividade, entre o entendimento e a disciplina pode me conduzir em segurança através deste período de inquietação emocional.

Tenho diante de mim muitos desafios, e o maior deles é descobrir quem eu sou. Respeito a minha busca desse conhecimento e estou certo de que ela me trará tranqüilidade e respostas.

O VIGÉSIMO DIA

O elo que sustentava meu coração e minhas esperanças se partiu, e peço orientação para que eu possa me desligar do passado e renovar minha vida.

Mais cedo ou mais tarde tenho de pensar na idéia de me desligar não apenas deste relacionamento como também da angústia.

Um profundo suspiro de quando em quando pode indicar ao meu corpo emocional que ele não precisa carregar para sempre esta dor.

Embora eu não possa escolher meus sentimentos, posso, através da oração e da confiança, dominar melhor minha reação diante deles.

Tenho diante de mim muitos desafios, e o maior deles é des-

– 86 –

cobrir quem eu sou. Respeito a minha busca desse conheci-
mento e estou certo de que ela me trará tranqüilidade e res-
postas.

O VIGÉSIMO PRIMEIRO DIA

O elo que sustentava meu coração e minhas esperanças se
partiu, e peço orientação para que eu possa me desligar do
passado e renovar minha vida.

Preciso me lembrar, em todo este período de dor e de confusão, do valor do riso e do divertimento, bem como da magia
das "férias mentais".
Essas excursões imaginárias me oferecem maneiras de me ver
e me sentir em locais onde eu floresço, de imaginar meu coração curado e minha vida novamente repleta de felicidade.

Tenho diante de mim muitos desafios, e o maior deles é des-
cobrir quem eu sou. Respeito a minha busca desse conheci-
mento e estou certo de que ela me trará tranqüilidade e res-
postas.

O VIGÉSIMO SEGUNDO DIA

O elo que sustentava meu coração e minhas esperanças se
partiu, e peço orientação para que eu possa me desligar do
passado e renovar minha vida.

Talvez este seja um bom momento para refletir sobre as mudanças que preciso realizar na maneira como encaro os relacionamentos e o que eles podem e não podem oferecer.
Eles não podem mudar uma infância infeliz. Provavelmente
não são o caminho para a segurança financeira. E não podem
garantir que minhas imperfeições deixem de ter importância.

Expectativas auspiciosas porém realistas me permitirão formar com maturidade uma união romântica quando eu estiver novamente preparado para compartilhar esse tipo de união.

Tenho diante de mim muitos desafios, e o maior deles é descobrir quem eu sou. Respeito a minha busca desse conhecimento e estou certo de que ela me trará tranqüilidade e respostas.

O VIGÉSIMO TERCEIRO DIA

O elo que sustentava meu coração e minhas esperanças se partiu, e peço orientação para que eu possa me desligar do passado e renovar minha vida.

A solidão dentro de um relacionamento que não mais estava vivo pode encerrar um vazio e um desespero profundos. Embora algumas vezes eu anseie pelo elemento familiar perdido, estou começando a me abrir a uma nova vida e a acolher essa possibilidade.

Tenho diante de mim muitos desafios, e o maior deles é descobrir quem eu sou. Respeito a minha busca desse conhecimento e estou certo de que ela me trará tranqüilidade e respostas.

O VIGÉSIMO QUARTO DIA

O elo que sustentava meu coração e minhas esperanças se partiu, e peço orientação para que eu possa me desligar do passado e renovar minha vida.

O ressentimento nos detém de uma forma sombria e resistente. Ele pode me tornar escravo da minha raiva e da minha dor.

– 88 –

Ele pode me manter acorrentado a pessoas e idéias das quais mais preciso me libertar.

Tenho diante de mim muitos desafios, e o maior deles é descobrir quem eu sou. Respeito a minha busca desse conhecimento e estou certo de que ela me trará tranqüilidade e respostas.

O VIGÉSIMO QUINTO DIA

O elo que sustentava meu coração e minhas esperanças se partiu, e peço orientação para que eu possa me desligar do passado e renovar minha vida.

Perdoar é compreender que fazemos o melhor possível de acordo com as nossas capacidades e a nossa maturidade. Perdoar é ser delicado com a nossa qualidade humana. Perdoar é nos abrir à graça e ao coração do Uno.

Tenho diante de mim muitos desafios, e o maior deles é descobrir quem eu sou. Respeito a minha busca desse conhecimento e estou certo de que ela me trará tranqüilidade e respostas.

O VIGÉSIMO SEXTO DIA

O elo que sustentava meu coração e minhas esperanças se partiu, e peço orientação para que eu possa me desligar do passado e renovar minha vida.

É hora de eu dizer o que existe no fundo do meu coração:

. . . .

Tenho diante de mim muitos desafios, e o maior deles é descobrir quem eu sou. Respeito a minha busca desse conheci-

– 89 –

mento e estou certo de que ela me trará tranqüilidade e respostas.

O VIGÉSIMO SÉTIMO DIA

O elo que sustentava meu coração e minhas esperanças se partiu, e peço orientação para que eu possa me desligar do passado e renovar minha vida.

Vejo agora com alguma objetividade os pontos fortes e as imperfeições dessa união que chegou ao fim.

Afastar-me sem essas percepções intuitivas significa deixar para trás tesouros que são legitimamente meus.

A avaliação honesta da minha parte nesta tristeza pode me mostrar mudanças que preciso realizar nos meus pensamentos, nas minhas ações e no meu coração.

Tenho diante de mim muitos desafios, e o maior deles é descobrir quem eu sou. Respeito a minha busca desse conhecimento e estou certo de que ela me trará tranqüilidade e respostas.

O VIGÉSIMO OITAVO DIA

O elo que sustentava meu coração e minhas esperanças se partiu, e peço orientação para que eu possa me desligar do passado e renovar minha vida.

Os pensamentos fornecem padrões para a realidade. Um pensamento tem sua própria vida e vitalidade. À medida que retiro a energia de pensamentos críticos, tanto a respeito de mim mesmo como da pessoa que partiu, crio um padrão para a minha libertação.

– 90 –

Que as dores e lições deste período se dissolvam na minha alma sob a forma de uma nova força.

Que eu seja abençoado com a coragem, a paciência e o entendimento para poder completar esta jornada de uma maneira que traga dignidade ao meu espírito.

Tenho diante de mim muitos desafios, e o maior deles é descobrir quem eu sou. Respeito a minha busca desse conhecimento e estou certo de que ela me trará tranqüilidade e respostas.

A Perda do Emprego

Nossa atividade profissional diz tanto a respeito de quem somos, aos outros e a nós mesmos, que quando a nossa identidade profissional se modifica ou entra em crise, freqüentemente ficamos indecisos com relação a tudo o mais. Sem o padrão e a segurança familiares do nosso trabalho, a nossa vida pode se ver invadida por um desassossego generalizado.

Não obstante, essa época de mudança não precisa ser destituída de mérito. A ausência da desgastada rotina que nos impulsiona nos oferece a oportunidade de considerarmos as inúmeras maneiras pelas quais o nosso trabalho molda a nossa percepção do eu. Sem a oportunidade de dar um passo atrás e rever esse relacionamento, podemos vir a acreditar que *somos* nosso trabalho. Esquecemo-nos de formular importantes perguntas a respeito de como a nossa profissão se encaixa na definição mais ampla de nós mesmos. Durante uma mudança de emprego, temos a vantagem de estar num lugar onde novas escolhas são possíveis e até mesmo necessárias.

– 93 –

Este é um momento de sinceridade e não de desespero. É uma ocasião em que devemos questionar que tipos de atividades inserem na nossa vida uma sensação de propósito e o sentimento de que a nossa contribuição é importante. O nosso trabalho acrescenta alguma coisa às esperanças e prazeres da nossa vida, ou ele é um simples passatempo? Como encontrar uma atividade que represente para nós uma expansão e um enriquecimento?

Recentemente, quando o meu filho ficou desempregado, eu perguntei a ele o que mais o incomodava e ele respondeu: "A perda da liberdade." Em geral não pensamos no nosso emprego em termos de liberdade, especialmente nos dias em que preferiríamos estar na praia, mas meu filho apreciava tanto a libertação que sentia por fazer algo de que gostava quanto a liberdade econômica proporcionada pelo seu salário semanal.

Essa perda da liberdade, embora constrangedora e desconcertante, pode nos encorajar a um auto-relacionamento em termos totalmente novos. O fato de nos libertarmos de uma identidade profissional pode nos levar a olhar além das necessidades imediatas e pensar no modo como realmente queremos passar as inúmeras horas que compõem o mundo do nosso trabalho.

Estas devoções oferecem equilíbrio e tranqüilidade durante essa importante transição. Sua recitação é um convite a buscar a oportunidade na adversidade e a aceitar esse desafio com dignidade e determinação.

O PRIMEIRO DIA

O ambiente do meu trabalho está mudando, e minha identidade, orientação e segurança profissionais estão abaladas.

A rotina do meu trabalho tem sido um ponto de apoio na minha vida, e é difícil acreditar que isto esteja acontecendo. Mesmo quando as coisas ficavam difíceis e eu ansiava por estar em outro lugar, eu valorizava a continuidade, o reconhecimento e a familiaridade que o meu trabalho me proporcionava.

À medida que uma forma se dissolve, outra toma seu lugar. Meu trabalho agora é procurar e reconhecer uma nova forma que me ofereça a oportunidade de crescimento e recompensa.

O SEGUNDO DIA

O ambiente do meu trabalho está mudando, e minha identidade, orientação e segurança profissionais estão abaladas.

Parte de mim está em plena atividade procurando elaborar um plano, e outra parte está confusa e desequilibrada.
A parte que estou tentando desconsiderar está simplesmente aterrorizada. A mera idéia do processo que existe à frente é cansativa.
Ao enfrentar o desconhecido, preciso aceitar com paciência meu medo e minha desilusão.

À medida que uma forma se dissolve, outra toma seu lugar. Meu trabalho agora é procurar e reconhecer uma nova forma que me ofereça a oportunidade de crescimento e recompensa.

O TERCEIRO DIA

O ambiente do meu trabalho está mudando, e minha identidade, orientação e segurança profissionais estão abaladas.

Sinto culpa, raiva e uma obsedante sensação de não pertencer a nada.

Preciso recordar o que sei a respeito do sofrimento e compreender que só o tempo me fará aceitar esses sentimentos.

À medida que uma forma se dissolve, outra toma seu lugar. Meu trabalho agora é procurar e reconhecer uma nova forma que me ofereça a oportunidade de crescimento e recompensa.

O QUARTO DIA

O ambiente do meu trabalho está mudando, e minha identidade, orientação e segurança profissionais estão abaladas.

Uma coisa é reconhecer meus sentimentos; outra, bem diferente, é julgá-los.

Este não é o momento de examinar as imperfeições do meu caráter. Preciso me sentir estimulado e tranqüilizado tanto por aqueles que me rodeiam como por mim mesmo.

À medida que uma forma se dissolve, outra toma seu lugar. Meu trabalho agora é procurar e reconhecer uma nova forma que me ofereça a oportunidade de crescimento e recompensa.

O QUINTO DIA

O ambiente do meu trabalho está mudando, e minha identidade, orientação e segurança profissionais estão abaladas.

Quando me sentir isolado e perdido, quero me lembrar da maneira pela qual outras pessoas me valorizam e dos lugares a que pertenço.
Sou capaz. Sou respeitado. Sou eficiente.

À medida que uma forma se dissolve, outra toma seu lugar. Meu trabalho agora é procurar e reconhecer uma nova forma que me ofereça a oportunidade de crescimento e recompensa.

O SEXTO DIA

O ambiente do meu trabalho está mudando, e minha identidade, orientação e segurança profissionais estão abaladas.

É desanimador pensar em todo o tempo e esforço que investi.
Parece um sacrifício.
Talvez eu possa começar a compreender o significado original da palavra "consagrar".
Talvez esta seja uma passagem sagrada na qual minha insegurança é sacrificada em prol da confiança no que está por vir.

À medida que uma forma se dissolve, outra toma seu lugar. Meu trabalho agora é procurar e reconhecer uma nova forma que me ofereça a oportunidade de crescimento e recompensa.

O SÉTIMO DIA

O ambiente do meu trabalho está mudando, e minha identidade, orientação e segurança profissionais estão abaladas.

O desconhecido pode ao mesmo tempo inspirar medo e ser estimulante. Em grande parte, a escolha é minha.

Ao mesmo tempo que confio na orientação e na segurança que me são proporcionadas pela Vida Única, lembro-me de que o espírito floresce na aventura.

À medida que uma forma se dissolve, outra toma seu lugar. Meu trabalho agora é procurar e reconhecer uma nova forma que me ofereça a oportunidade de crescimento e recompensa.

O OITAVO DIA

O ambiente do meu trabalho está mudando, e minha identidade, orientação e segurança profissionais estão abaladas.

Esta poderá ser uma época de dificuldades financeiras.

Devo me lembrar de que a riqueza tem pouca relação com o que eu possuo, dependendo, ao contrário, de como eu aprecio e desfruto o que é meu.

À medida que uma forma se dissolve, outra toma seu lugar. Meu trabalho agora é procurar e reconhecer uma nova forma que me ofereça a oportunidade de crescimento e recompensa.

O NONO DIA

O ambiente do meu trabalho está mudando, e minha identidade, orientação e segurança profissionais estão abaladas.

Uma das conseqüências de uma mudança radical é a dádiva de um campo aberto.

A vida geralmente parece bastante previsível, e agora estou diante de um grande ponto de interrogação.

– 98 –

Quero aproveitar esta oportunidade para reexaminar idéias e possibilidades que antes me pareciam sonhos irrealistas. Terão eles um novo significado à luz do ocorrido?

À medida que uma forma se dissolve, outra toma seu lugar. Meu trabalho agora é procurar e reconhecer uma nova forma que me ofereça a oportunidade de crescimento e recompensa.

O DÉCIMO DIA

O ambiente do meu trabalho está mudando, e minha identidade, orientação e segurança profissionais estão abaladas.

À medida que eu explorar novas opções, precisarei ficar atento ao conhecimento do meu corpo.

A sensação que me é transmitida por um ambiente pode me dizer muito a respeito de como eu me encaixaria nele.

Preciso ter cuidado para não me apegar a algo apenas para preencher o vazio.

Ficarei atento aos momentos em que me sentir tenso e inquieto e esperarei até me sentir à vontade.

À medida que uma forma se dissolve, outra toma seu lugar. Meu trabalho agora é procurar e reconhecer uma nova forma que me ofereça a oportunidade de crescimento e recompensa.

O DÉCIMO PRIMEIRO DIA

O ambiente do meu trabalho está mudando, e minha identidade, orientação e segurança profissionais estão abaladas.

Ao tentar manter afastados a dor e o desamparo, recuamos algumas vezes em direção às trevas.

Isso pode ser por vezes benéfico, mas pode acabar tolhendo

minha reação diante de novas idéias e fazer que eu deixe passar oportunidades.

Enquanto me dedico com prazer às minhas atividades favoritas, afirmo que, mesmo durante as partes mais difíceis desta mudança, mereço desfrutar a vida.

À medida que uma forma se dissolve, outra toma seu lugar. Meu trabalho agora é procurar e reconhecer uma nova forma que me ofereça a oportunidade de crescimento e recompensa.

O DÉCIMO SEGUNDO DIA

O ambiente do meu trabalho está mudando, e minha identidade, orientação e segurança profissionais estão abaladas.

Todos os caminhos que aqui começam parecem becos sem saída. Sinto-me inseguro quanto ao passo seguinte a ser dado, e às vezes tenho a impressão de que não há nada a fazer.

Posso não me considerar um artista, mas tenho talentos que me permitem ser criativo à minha própria maneira.

Pintar, modelar, cozinhar, escrever, plantar — são formas de expressão capazes de reacender a chama de uma nova perspectiva.

À medida que uma forma se dissolve, outra toma seu lugar. Meu trabalho agora é procurar e reconhecer uma nova forma que me ofereça a oportunidade de crescimento e recompensa.

O DÉCIMO TERCEIRO DIA

O ambiente do meu trabalho está mudando, e minha identidade, orientação e segurança profissionais estão abaladas.

Pode não ser fácil seguir a disciplina da minha vida diante deste abalo.

Quando surgir a tentação de deixar passar "apenas esta vez", lembrar-me-ei do motivo pelo qual me dediquei a estas práticas e me conscientizarei de que preciso estar disposto a prosseguir com a necessária paciência e dedicação.

Em vez de me censurar quando cometer um engano, devo procurar me lembrar da acolhida que me espera quando cumpro minhas promessas.

À medida que uma forma se dissolve, outra toma seu lugar. Meu trabalho agora é procurar e reconhecer uma nova forma que me ofereça a oportunidade de crescimento e recompensa.

O DÉCIMO QUARTO DIA

O ambiente do meu trabalho está mudando, e minha identidade, orientação e segurança profissionais estão abaladas.

Lembro-me de que minhas convicções influenciam e talvez até criem meu mundo. Sou capaz de reconhecer aquelas que se deterioraram? Ao mesmo tempo que procuro um novo contexto para o meu trabalho, preciso ficar atento às minhas idéias autolimitadoras. Preciso ter sempre em mente que em Deus tudo é possível.

À medida que uma forma se dissolve, outra toma seu lugar. Meu trabalho agora é procurar e reconhecer uma nova forma que me ofereça a oportunidade de crescimento e recompensa.

O DÉCIMO QUINTO DIA

O ambiente do meu trabalho está mudando, e minha identidade, orientação e segurança profissionais estão abaladas.

Posso me sentir bem pondo alguma coisa em ordem — arrumando um armário, uma gaveta de meias, organizando uma prateleira de livros ou fazendo uma faxina na varanda dos fundos. Ordenar os pequenos recantos da minha vida me transmite a sensação tranqüilizadora de que estou no comando e me faz pensar no prazer dos pequenos triunfos.

À medida que uma forma se dissolve, outra toma seu lugar. Meu trabalho agora é procurar e reconhecer uma nova forma que me ofereça a oportunidade de crescimento e recompensa.

O DÉCIMO SEXTO DIA

O ambiente do meu trabalho está mudando, e minha identidade, orientação e segurança profissionais estão abaladas.

A engenhosidade é um importante aliado nas épocas de mudança e transição, e algumas vezes ela precisa ser estimulada através de soluções encontradas para os problemas do passado. Ser engenhoso significa ficar atento a opções inusitadas e inesperadas. Significa pensar no tempo presente e exaltar minha criatividade a fim de descobrir como contornar os obstáculos.

À medida que uma forma se dissolve, outra toma seu lugar. Meu trabalho agora é procurar e reconhecer uma nova forma que me ofereça a oportunidade de crescimento e recompensa.

O DÉCIMO SÉTIMO DIA

O ambiente do meu trabalho está mudando, e minha identidade, orientação e segurança profissionais estão abaladas.

Esta é uma ocasião para conversar com todos — amigos, conhecidos, familiares.

Não importa o nome que se dê a esse processo.

As pessoas que fazem parte da minha vida poderão ter recursos, ligações e idéias surpreendentes, e estou decidido a absorver intensamente a impressão delas.

À medida que uma forma se dissolve, outra toma seu lugar. Meu trabalho agora é procurar e reconhecer uma nova forma que me ofereça a oportunidade de crescimento e recompensa.

O DÉCIMO OITAVO DIA

O ambiente do meu trabalho está mudando, e minha identidade, orientação e segurança profissionais estão abaladas.

A rejeição parece ser uma parte inevitável deste processo, e ela se faz acompanhar de momentos de sombrio desapontamento. É útil lembrar que a orientação assume muitas formas, e algumas vezes uma prece não atendida pode ser uma bênção disfarçada.

À medida que uma forma se dissolve, outra toma seu lugar. Meu trabalho agora é procurar e reconhecer uma nova forma que me ofereça a oportunidade de crescimento e recompensa.

O DÉCIMO NONO DIA

O ambiente do meu trabalho está mudando, e minha identidade, orientação e segurança profissionais estão abaladas.

Estou empreendendo esta busca levando em conta minhas melhores qualidades?

A base da capacidade de recuperação são o otimismo e a capacidade de me concentrar nos aspectos positivos da minha pessoa e das minhas circunstâncias.

À medida que uma forma se dissolve, outra toma seu lugar. Meu trabalho agora é procurar e reconhecer uma nova forma que me ofereça a oportunidade de crescimento e recompensa.

O VIGÉSIMO DIA

O ambiente do meu trabalho está mudando, e minha identidade, orientação e segurança profissionais estão abaladas.

Estou levando em consideração quem sou *agora*?
Estou me definindo em função de antigos limites e tentando encaixar o "eu" de hoje nas minhas necessidades profissionais de ontem?
Reconhecer minhas realizações me permite expressá-las para as outras pessoas, o que me ajuda a obter a clareza necessária para suportar de modo confiante esta mudança.

À medida que uma forma se dissolve, outra toma seu lugar. Meu trabalho agora é procurar e reconhecer uma nova forma que me ofereça a oportunidade de crescimento e recompensa.

O VIGÉSIMO PRIMEIRO DIA

O ambiente do meu trabalho está mudando, e minha identidade, orientação e segurança profissionais estão abaladas.

De que maneira estes tempos de desafio e incerteza repercutiram na vida daqueles que me estão próximos?
Será que me envolvi excessivamente nos detalhes e exigências desta transição e deixei de dar atenção aos interesses deles?

Será que me esqueci do quanto o coração aprecia as palavras de apoio e apreço?

À medida que uma forma se dissolve, outra toma seu lugar. Meu trabalho agora é procurar e reconhecer uma nova forma que me ofereça a oportunidade de crescimento e recompensa.

O VIGÉSIMO SEGUNDO DIA

O ambiente do meu trabalho está mudando, e minha identidade, orientação e segurança profissionais estão abaladas.

O ideograma chinês para a palavra "crise" é uma combinação dos símbolos do perigo e da oportunidade.
Embora o perigo possa não estar efetivamente presente, a incerteza pode transmitir essa impressão.
Ao mesmo tempo que me concentro nesta oportunidade, confio na minha capacidade de permanecer com uma atitude positiva e receptivo a novas idéias.

À medida que uma forma se dissolve, outra toma seu lugar. Meu trabalho agora é procurar e reconhecer uma nova forma que me ofereça a oportunidade de crescimento e recompensa.

O VIGÉSIMO TERCEIRO DIA

O ambiente do meu trabalho está mudando, e minha identidade, orientação e segurança profissionais estão abaladas.

Há dias em que sinto vontade de me esconder na esperança de que tudo seja diferente no dia seguinte, mas a verdade é que tenho de *fazer* as coisas serem diferentes.
Uma coisa leva a outra, e examinar diariamente cada opção cria um impulso capaz de me levar a atravessar com êxito o limiar dessa mudança.

À medida que uma forma se dissolve, outra toma seu lugar. Meu trabalho agora é procurar e reconhecer uma nova forma que me ofereça a oportunidade de crescimento e recompensa.

O VIGÉSIMO QUARTO DIA

O ambiente do meu trabalho está mudando, e minha identidade, orientação e segurança profissionais estão abaladas.

Às vezes é necessário recuar para avançar, como quando fazemos um retorno com o carro na estrada para seguir nosso caminho.

Os músicos praticam diariamente a escala musical, os acrobatas fazem aquecimento por meio de combinações simples e os atletas algumas vezes fazem uso de movimentos básicos para alcançar a vitória.

A compreensão desse princípio tem a capacidade de aliviar o desespero quando sinto que o meu avanço está prejudicado.

À medida que uma forma se dissolve, outra toma seu lugar. Meu trabalho agora é procurar e reconhecer uma nova forma que me ofereça a oportunidade de crescimento e recompensa.

O VIGÉSIMO QUINTO DIA

O ambiente do meu trabalho está mudando, e minha identidade, orientação e segurança profissionais estão abaladas.

Grande parte desta transição pode inspirar medo.

É tentador sentir que não tenho a capacidade ou a habilidade de subir tanto quanto gostaria.

Embora possa ser verdade que eu precise contemplar a idéia de me dedicar a um estudo ou treinamento adicional, também preciso reconhecer que a minha experiência pessoal é capaz de fornecer surpreendentes credenciais.

À medida que uma forma se dissolve, outra toma seu lugar. Meu trabalho agora é procurar e reconhecer uma nova forma que me ofereça a oportunidade de crescimento e re-compensa.

O VIGÉSIMO SEXTO DIA

O ambiente do meu trabalho está mudando, e minha iden-tidade, orientação e segurança profissionais estão abala-das.

É hora de eu dizer o que sinto no fundo do meu coração:

. . . .

À medida que uma forma se dissolve, outra toma seu lugar. Meu trabalho agora é procurar e reconhecer uma nova forma que me ofereça a oportunidade de crescimento e recompensa.

O VIGÉSIMO SÉTIMO DIA

O ambiente do meu trabalho está mudando, e minha identi-dade, orientação e segurança profissionais estão abaladas.

Quando esta jornada se estende, o mundo da natureza pode oferecer consolo.

Contemplar as estrelas significa lembrar o significado da imensidão.

É importante celebrar a passagem de uma estação do ano e imaginar meu sucesso na que se aproxima.

Sinto-me fortalecido ao compreender que todas as coisas de-sabrocham em seu devido tempo.

*À medida que uma forma se dissolve, outra toma seu lugar.
Meu trabalho agora é procurar e reconhecer uma nova forma
que me ofereça a oportunidade de crescimento e recompensa.*

O VIGÉSIMO OITAVO DIA

O ambiente do meu trabalho está mudando, e minha identidade, orientação e segurança profissionais estão abaladas.

O humor e a originalidade são valiosos aliados nesta caça ao tesouro. Suas dádivas produzem a criatividade e um coração leve. Eles permitem que eu confie nos meus instintos e me apóie na Fonte de todas as bênçãos.

Eles me lembram que eu devo olhar além do "trabalho" e contemplar a "vocação", bem como ter a certeza de que, ao mesmo tempo que busco essa vocação, ela também procura por mim.

*À medida que uma forma se dissolve, outra toma seu lugar.
Meu trabalho agora é procurar e reconhecer uma nova forma
que me ofereça a oportunidade de crescimento e recompensa.*

Um Filho que Deixa o Lar

Passamos muito tempo preparando nossos filhos para saírem de casa e assumirem seu lugar no mundo, mas gastamos muito pouco com a nossa preparação pessoal. Com a partida deles, nossas prioridades mudam, nossas identidades sofrem uma transformação e somos forçados a admitir que estamos envelhecendo. Procuramos novas formas de gratificação e tentamos encontrar um equilíbrio entre nos envolvermos demais ou de menos na vida dos nossos filhos adultos.

Meu filho em breve estará saindo de casa, e as lágrimas rolam com facilidade. Como tenho uma vida pessoal plena e gratificante, pergunto-me como posso ser tão emotiva a respeito desse fato. Sei que se trata de um novo começo tanto para mim como para ele. Penso em todo o tempo que terei para meus projetos há muito abandonados e redecoro mentalmente o quarto dele. Fico imaginando quem irá desempenhar as funções que ele assumiu durante anos, desde os detalhes

– 109 –

com o lixo até a conservação do tanque dos peixes; e quem tocará o velho piano?

Como é possível que as alegrias e lutas cotidianas intrinsecamente ligadas à responsabilidade de cuidar deste jovem simplesmente deixem de existir? Enquanto nossos filhos estão perto de nós, parece que ainda podemos lhes dar uma última instrução ou compartilhar com eles uma profunda descoberta. Mas, neste estágio, eles estão prestando mais atenção ao futuro deles do que a nós.

Estas devoções nos oferecem a oportunidade de falar a respeito das nossas preocupações e coordenar o labirinto de sentimentos que procuram se exprimir. À medida que tranqüilizamos o nosso coração, podemos começar a exaltar este momento como um início, um final que também é um começo, tanto para nosso filho como para nós mesmos.

– 110 –

O PRIMEIRO DIA

Meu filho, você está deixando a minha casa mas não o meu coração.

Há tanto o que sentir a respeito desta mudança!
Você ainda parece muito jovem, e me pergunto como correrão as coisas para você quando estiver sozinho.
Eu me pergunto como correrão as coisas para mim quando você começar a ter uma vida autônoma longe de mim.

Os anos que você passou sob meus cuidados foram uma bênção para mim enquanto eu contemplava o desabrochar da sua vida. É com orgulho e ternura que eu agora liberto essa vida para que siga seu próprio rumo. Eu o amo. Acredito em você. Desejo apenas o melhor para você.

O SEGUNDO DIA

Meu filho, você está deixando a minha casa mas não o meu coração.

Não consigo deixar de ficar abismado com a rapidez com que se passaram os anos da sua infância.
Acompanhei com paciência seus primeiros passos e estimulei sua independência. Rezo agora para que você descubra essas qualidades à medida que for dando seus primeiros passos na nova vida.

– 111 –

Os anos que você passou sob meus cuidados foram uma bênção para mim enquanto eu contemplava o desabrochar da sua vida. É com orgulho e ternura que eu agora liberto essa vida para que siga seu próprio rumo. Eu o amo. Acredito em você. Desejo apenas o melhor para você.

O TERCEIRO DIA

Meu filho, você está deixando a minha casa mas não o meu coração.

Durante o processo desta mudança, nossa cabeça está cheia de idéias, e nossas preocupações e planos são muito diferentes. Adiciono o dom do meu discernimento ao direito que você tem à sua própria opinião e perspectiva.

Os anos que você passou sob meus cuidados foram uma bênção para mim enquanto eu contemplava o desabrochar da sua vida. É com orgulho e ternura que eu agora liberto essa vida para que siga seu próprio rumo. Eu o amo. Acredito em você. Desejo apenas o melhor para você.

O QUARTO DIA

Meu filho, você está deixando a minha casa mas não o meu coração.

Minhas recordações podem servir de orientação.

Preciso olhar para trás e verificar de que modo aqueles que me criaram me abençoaram quando deixei o lar, e quais foram suas atitudes que tornaram minha partida constrangedora e difícil.

Preciso lembrar como é ter um pé no familiar e o outro no desconhecido.

Os anos que você passou sob meus cuidados foram uma bênção para mim enquanto eu contemplava o desabrochar da sua vida. É com orgulho e ternura que eu agora liberto essa vida para que siga seu próprio rumo. Eu o amo. Acredito em você. Desejo apenas o melhor para você.

O QUINTO DIA

Meu filho, você está deixando a minha casa mas não o meu coração.

Parece que foi ontem que o seu mundo se restabelecia com o meu toque. As crises e os traumas do seu crescimento eram neutralizados enquanto eu exercia meu poder parental em defesa do seu bem-estar.

Como me sinto desamparado agora que este papel não é mais meu! Como é reconfortante lembrar-me de que o Espírito Uno o protege agora que você se aventura na vida e avança em direção à realização dos seus sonhos!

Os anos que você passou sob meus cuidados foram uma bênção para mim enquanto eu contemplava o desabrochar da sua vida. É com orgulho e ternura que eu agora liberto essa vida para que siga seu próprio rumo. Eu o amo. Acredito em você. Desejo apenas o melhor para você.

O SEXTO DIA

Meu filho, você está deixando a minha casa mas não o meu coração.

Como acontece em qualquer perda, existe a necessidade de nos afligirmos, de dizermos adeus de uma forma particular e carinhosa. Você está deixando a minha casa, não a minha vida

– 113 –

— mas o nosso relacionamento nunca mais será exatamente o mesmo. Sinto-me constrangido por expressar esses sentimentos enquanto você alegremente se prepara para partir. Encontrarei outros lugares e ocasiões para externar sinceramente essas emoções.

Os anos que você passou sob meus cuidados foram uma bênção para mim enquanto eu contemplava o desabrochar da sua vida. É com orgulho e ternura que eu agora liberto essa vida para que siga seu próprio rumo. Eu o amo. Acredito em você. Desejo apenas o melhor para você.

O SÉTIMO DIA

Meu filho, você está deixando a minha casa mas não o meu coração.

Nossos finais colorem nossos inícios.

Que este final celebre nossos anos de amor e de aprendizagem mútuos e que esta seja uma ocasião em que abandonemos as divergências, os ressentimentos e os padrões que se colocam no caminho dos nossos reinícios.

Os anos que você passou sob meus cuidados foram uma bênção para mim enquanto eu contemplava o desabrochar da sua vida. É com orgulho e ternura que eu agora liberto essa vida para que siga seu próprio rumo. Eu o amo. Acredito em você. Desejo apenas o melhor para você.

O OITAVO DIA

Meu filho, você está deixando a minha casa mas não o meu coração.

Às vezes sinto que você não compreende muito bem os sacrifícios e os desafios inerentes à condição de pai e admito que nunca pensei nisso enquanto você crescia. Existem momentos em que não me sinto tão apreciado quanto gostaria de ser. As qualidades necessárias para sentirmos gratidão e expressarmos consideração se desenvolvem com o passar dos anos. Posso me lembrar de me apreciar como pai e compartilhar esse reconhecimento com aqueles que me ajudaram a instruílo, a amá-lo e a orientá-lo.

Os anos que você passou sob meus cuidados foram uma bênção para mim enquanto eu contemplava o desabrochar da sua vida. É com orgulho e ternura que eu agora liberto essa vida para que siga seu próprio rumo. Eu o amo. Acredito em você. Desejo apenas o melhor para você.

O NONO DIA

Meu filho, você está deixando a minha casa mas não o meu coração.

Vejo-me freqüentemente em você, nos seus gestos e no seu jeito. Sinto orgulho porque uma parcela de mim o estará acompanhando, e me sinto honrado por participar de uma geração que se expande na seguinte.

Os anos que você passou sob meus cuidados foram uma bênção para mim enquanto eu contemplava o desabrochar da sua vida. É com orgulho e ternura que eu agora liberto essa vida para que siga seu próprio rumo. Eu o amo. Acredito em você. Desejo apenas o melhor para você.

O DÉCIMO DIA

Meu filho, você está deixando a minha casa mas não o meu coração.

Embora eu repare nas nossas semelhanças e características comuns, sei também que este é um momento em que você está preocupado em se tornar você mesmo, um ser separado da sua família e da sua infância. Ao mesmo tempo que admito e estimulo sua liberdade de definir a si mesmo e o que é importante para você, quero deixar espaço para que um novo relacionamento se desenvolva entre nós.

Os anos que você passou sob meus cuidados foram uma bênção para mim enquanto eu contemplava o desabrochar da sua vida. É com orgulho e ternura que eu agora liberto essa vida para que siga seu próprio rumo. Eu o amo. Acredito em você. Desejo apenas o melhor para você.

O DÉCIMO PRIMEIRO DIA
Meu filho, você está deixando a minha casa mas não o meu coração.

Você precisa encontrar maneiras de me fazer saber em que medida você quer que eu me envolva em sua vida.
Compreendo o valor do consolo e do apoio, e buscarei a ocasião propícia para externar meus comentários, sugestões e opiniões. Eu me lembrarei de que o melhor momento para dar conselhos é aquele em que você os pedir.

Os anos que você passou sob meus cuidados foram uma bênção para mim enquanto eu contemplava o desabrochar da sua vida. É com orgulho e ternura que eu agora liberto essa vida para que siga seu próprio rumo. Eu o amo. Acredito em você. Desejo apenas o melhor para você.

O DÉCIMO SEGUNDO DIA

Meu filho, você está deixando a minha casa mas não o meu coração.

Quando você era um bebê, eu prestava atenção ao seu choro. Quando você ficou mais velho, comecei a prestar atenção ao ruído da sua chave na porta.
Com o passar dos anos, minha atenção desenvolveu-se cada vez mais, e espero que ela melhore mais ainda.
Escutarei suas histórias e me lembrarei de que um ouvinte atento ouve segredos que passam despercebidos às outras pessoas.

Os anos que você passou sob meus cuidados foram uma bênção para mim enquanto eu contemplava o desabrochar da sua vida. É com orgulho e ternura que eu agora liberto essa vida para que siga seu próprio rumo. Eu o amo. Acredito em você. Desejo apenas o melhor para você.

O DÉCIMO TERCEIRO DIA

Meu filho, você está deixando a minha casa mas não o meu coração.

Vou sentir saudades dos aspectos da sua vida que coincidiam em parte com a minha — suas atividades, seus amigos, as luzes que você deixava acesas, a música que vinha do seu quarto.
Quantas vezes eu ansiei por momentos de paz e tranqüilidade! Agora desejo me ajustar harmoniosamente ao silêncio que você deixa atrás de si.

Os anos que você passou sob meus cuidados foram uma bênção para mim enquanto eu contemplava o desabrochar da sua vida. É com orgulho e ternura que eu agora liberto essa vida para que siga seu próprio rumo. Eu o amo. Acredito em você. Desejo apenas o melhor para você.

O DÉCIMO QUARTO DIA

Meu filho, você está deixando a minha casa mas não o meu coração.

Rememoro as ocasiões festivas que celebramos juntos e saboreio a dádiva dessas recordações.

Que o espírito no qual compartilhamos as tradições da nossa família o oriente em sua própria observância das ocasiões e dos dias especiais de sua vida.

Os anos que você passou sob meus cuidados foram uma bênção para mim enquanto eu contemplava o desabrochar da sua vida. É com orgulho e ternura que eu agora liberto essa vida para que siga seu próprio rumo. Eu o amo. Acredito em você. Desejo apenas o melhor para você.

O DÉCIMO QUINTO DIA

Meu filho, você está deixando a minha casa mas não o meu coração.

Grande parte das minhas escolhas e decisões foi tomada em função das suas necessidades.

É curioso pensar na vida sem esses limites e estender-me em direção à liberdade que essa mudança permite.

Os anos que você passou sob meus cuidados foram uma bênção para mim enquanto eu contemplava o desabrochar da sua vida. É com orgulho e ternura que eu agora liberto essa

– 118 –

vida para que siga seu próprio rumo. Eu o amo. Acredito em você. Desejo apenas o melhor para você.

O DÉCIMO SEXTO DIA

Meu filho, você está deixando a minha casa mas não o meu coração.

Repito diariamente que desejo apenas o melhor para você, mas a vida tem sempre sua parcela de dificuldade e dor.

Portanto, além de desejar apenas o melhor para você, também anseio que você compreenda que as dificuldades dão força e confiança.

Que você possa saber distinguir entre uma verdadeira oportunidade e uma ilusão!

Que você possa respeitar a adversidade como um mestre e um guia e respeitar a si mesmo como alguém à altura dos seus desafios.

Os anos que você passou sob meus cuidados foram uma bênção para mim enquanto eu contemplava o desabrochar da sua vida. É com orgulho e ternura que eu agora liberto essa vida para que siga seu próprio rumo. Eu o amo. Acredito em você. Desejo apenas o melhor para você.

O DÉCIMO SÉTIMO DIA

Meu filho, você está deixando a minha casa mas não o meu coração.

Sua partida levanta dúvidas a respeito do meu relacionamento com as pessoas ao meu redor. A que devo me dedicar?

À medida que for redefinindo meu papel como pai, examinarei outros papéis na minha vida para verificar se eles também precisam ser revistos e para tentar descobrir quem poderá se sentir grato por receber mais carinho e atenção.

Os anos que você passou sob meus cuidados foram uma bênção para mim enquanto eu contemplava o desabrochar da sua vida. É com orgulho e ternura que eu agora liberto essa vida para que siga seu próprio rumo. Eu o amo. Acredito em você. Desejo apenas o melhor para você.

O DÉCIMO OITAVO DIA

Meu filho, você está deixando a minha casa mas não o meu coração.

Como posso eliminar a culpa que sinto com relação aos erros que cometi enquanto você crescia?
Parece haver muitas coisas com as quais eu deveria ter lidado de maneira diferente.
Preciso me libertar dos meus julgamentos e me lembrar de que a aceitação e o perdão são bons companheiros de viagem.

Os anos que você passou sob meus cuidados foram uma bênção para mim enquanto eu contemplava o desabrochar da sua vida. É com orgulho e ternura que eu agora liberto essa vida para que siga seu próprio rumo. Eu o amo. Acredito em você. Desejo apenas o melhor para você.

O DÉCIMO NONO DIA

Meu filho, você está deixando a minha casa mas não o meu coração.

Esta casa tem sido um lugar seguro para você e contém lembranças e ligações com a família.

– 120 –

Depois que você partir, algumas mudanças irão inevitavelmente ocorrer.

Tentarei ter a sensibilidade de saber quando e como fazer essas mudanças, e conceder tempo para que você possa chamar de lar seu novo ambiente.

Os anos que você passou sob meus cuidados foram uma bênção para mim enquanto eu contemplava o desabrochar da sua vida. É com orgulho e ternura que eu agora liberto essa vida para que siga seu próprio rumo. Eu o amo. Acredito em você. Desejo apenas o melhor para você.

O VIGÉSIMO DIA

Meu filho, você está deixando a minha casa mas não o meu coração.

Enquanto me concentro na minha gratidão pelos anos que passamos juntos, quero me libertar dos sentimentos de vazio e incerteza a respeito de como será a minha vida sem você aqui. Criar você desenvolveu minha coragem e maturidade, e, agora, deixá-lo partir pode fazer o mesmo.

Os anos que você passou sob meus cuidados foram uma bênção para mim enquanto eu contemplava o desabrochar da sua vida. É com orgulho e ternura que eu agora liberto essa vida para que siga seu próprio rumo. Eu o amo. Acredito em você. Desejo apenas o melhor para você.

O VIGÉSIMO PRIMEIRO DIA

Meu filho, você está deixando a minha casa mas não o meu coração.

É fácil me perder em remorsos, reconsiderações e preocupações com relação ao futuro, tanto o seu como o meu, mas também preciso me lembrar de me sentir orgulhoso e satisfeito.
Saber que esta parte de um longo e complicado processo chegou ao fim encerra uma certa paz.

Os anos que você passou sob meus cuidados foram uma bênção para mim enquanto eu contemplava o desabrochar da sua vida. É com orgulhoso e ternura que eu agora liberto essa vida para que siga seu próprio rumo. Eu o amo. Acredito em você. Desejo apenas o melhor para você.

O VIGÉSIMO SEGUNDO DIA

Meu filho, você está deixando a minha casa mas não o meu coração.

Esta pode ser uma boa ocasião para alterar a minha rotina — vir para casa por um caminho diferente, ouvir música de um outro país, procurar um amigo que leve uma vida fora do comum. Fazer coisas conhecidas de uma maneira diferente pode produzir interessantes descobertas a respeito do que eu julgava saber.

Os anos que você passou sob meus cuidados foram uma bênção para mim enquanto eu contemplava o desabrochar da sua vida. É com orgulho e ternura que eu agora liberto essa vida para que siga seu próprio rumo. Eu o amo. Acredito em você. Desejo apenas o melhor para você.

O VIGÉSIMO TERCEIRO DIA

Meu filho, você está deixando a minha casa mas não o meu coração.

Um dos melhores presentes que posso lhe dar é o meu eu completo e saudável. Procuro atividades e interesses que tornem isso uma realidade.

Minha responsabilidade de dar um bom exemplo para você não se interrompe agora.

Os anos que você passou sob meus cuidados foram uma bênção para mim enquanto eu contemplava o desabrochar da sua vida. É com orgulho e ternura que eu agora liberto essa vida para que siga seu próprio rumo. Eu o amo. Acredito em você. Desejo apenas o melhor para você.

O VIGÉSIMO QUARTO DIA

Meu filho, você está deixando a minha casa mas não o meu coração.

Assim como espero que você leve consigo o espírito das nossas festas e comemorações, também estarei procurando maneiras de manter vivo esse espírito à medida que minha família se reduz na minha casa.

Celebrar, cultuar, observar as ocasiões festivas e dar graças representam um compromisso de prosseguir na plenitude da vida.

Os anos que você passou sob meus cuidados foram uma bênção para mim enquanto eu contemplava o desabrochar da sua vida. É com orgulho e ternura que eu agora liberto essa vida para que siga seu próprio rumo. Eu o amo. Acredito em você. Desejo apenas o melhor para você.

O VIGÉSIMO QUINTO DIA

Meu filho, você está deixando a minha casa mas não o meu coração.

Quais são as coisas que eu sempre quis fazer se tivesse mais tempo?

Que interesses foram interrompidos quando pus as necessidades da minha família em primeiro lugar?

O que chama minha atenção neste momento de transição e descoberta?

Os anos que você passou sob meus cuidados foram uma bênção para mim enquanto eu contemplava o desabrochar da sua vida. É com orgulho e ternura que eu agora liberto essa vida para que siga seu próprio rumo. Eu o amo. Acredito em você. Desejo apenas o melhor para você.

O VIGÉSIMO SEXTO DIA

Meu filho, você está deixando a minha casa mas não o meu coração.

É hora de eu dizer o que existe no fundo do meu coração:

. . . .

Os anos que você passou sob meus cuidados foram uma bênção para mim enquanto eu contemplava o desabrochar da sua vida. É com orgulho e ternura que eu agora liberto essa vida para que siga seu próprio rumo. Eu o amo. Acredito em você. Desejo apenas o melhor para você.

O VIGÉSIMO SÉTIMO DIA

Meu filho, você está deixando a minha casa mas não o meu coração.

Ser pai é uma honra. Trouxe-me uma grande riqueza. De que maneiras posso compartilhar esse tesouro?

– 124 –

Vou me lembrar de que o mundo é modificado por pessoas que servem umas às outras com devoção e gratidão em nome do Uno.

Os anos que você passou sob meus cuidados foram uma bênção para mim enquanto eu contemplava o desabrochar da sua vida. É com orgulho e ternura que eu agora liberto essa vida para que siga seu próprio rumo. Eu o amo. Acredito em você. Desejo apenas o melhor para você.

O VIGÉSIMO OITAVO DIA

Meu filho, você está deixando a minha casa mas não o meu coração.

Você leva consigo as sementes da tradição e da herança da nossa família.

Cuide bem delas.

Este é um momento ao mesmo tempo triste e doce, e admito que espero que você também venha a compreender, com o tempo, que a tristeza e a doçura caminham lado a lado durante toda a vida.

Os anos que você passou sob meus cuidados foram uma bênção para mim enquanto eu contemplava o desabrochar da sua vida. É com orgulho e ternura que eu agora liberto essa vida para que siga seu próprio rumo. Eu o amo. Acredito em você. Desejo apenas o melhor para você.

O Desafio

Diz a história que o desafio e o medo são amigos íntimos. O desafio escala montanhas enquanto o medo explora cavernas. Seu relacionamento é um mistério para aqueles ao seu redor porque eles parecem ter pouco em comum. O grande segredo é que eles fazem lembrar um ao outro de si mesmos quando eram jovens.

O desafio tem muitas faces e um número igual de aparências, de um encontro amoroso, uma entrevista para um emprego, a uma doença grave que se esquiva à cura. É natural ter medo diante de um chamado ao desconhecido. Provavelmente é até saudável. O que não é saudável é permitir que o medo se transforme em paralisia.

Quando o desafio vem nos visitar, é fácil fingir que não há ninguém em casa, mas esconder-se do desafio significa rejeitar as oportunidades que ele traz consigo. Uma dessas oportunidades é a chance de tornar claras as nossas metas. A maneira como pensamos pode influenciar o mundo que criamos. Fornecer a nós mesmos informações conflitantes a respeito de uma meta importante (e a maioria das metas *é* um desafio) pode gerar confusão e inércia.

O desafio é um dragão com um presente na boca. Domestique o dragão e o presente será seu. Repare que eu não disse "mate" o dragão. Matar o dragão implica sair tropeçando diante dos desafios usando toda força disponível.

Esta semana de devoções nos apresenta a oportunidade de analisar tanto a maneira como transpomos o processo como os resultados esperados. Se formos capazes de adotar o espírito de elegância e domínio, teremos, independentemente do resultado, fortalecido a nossa dignidade e aperfeiçoado a nossa capacidade de compreender o desafio como um convite ao crescimento.

O PRIMEIRO DIA

O desafio é um desejo que o destino formula para que eu arrisque, confie e cresça.

O desafio pode ser esmagador, especialmente se incluir a possibilidade de uma mudança de amplo alcance, mas é através da mudança que crescemos.

Sinto que é útil para mim desmembrar os grandes desafios em desafios menores e lidar com um destes de cada vez.

A abordagem gradual pode minorar as frustrações e abrir espaço para que eu administre melhor a minha energia física e emocional.

O desafio sempre fará parte da vida. A verdadeira vitória repousa no fato de eu o acolher como um mestre, mentor e guia para o meu poder interior.

O SEGUNDO DIA

O desafio é um desejo que o destino formula para que eu arrisque, confie e cresça.

Preciso perguntar a mim mesmo quais são as minhas escolhas. Esquecemos algumas vezes de explorar outros caminhos quando o atual parece limitado.

Muitas pessoas atribuem seu sucesso pessoal a uma idéia excêntrica que lhes ocorreu quando tudo parecia perdido. Ao me lembrar de ficar atento às opções menosprezadas, eu me abro à sabedoria e à orientação da Verdadeira Fonte.

O desafio sempre fará parte da vida. A verdadeira vitória repousa no fato de eu o acolher como um mestre, mentor e guia para o meu poder interior.

O TERCEIRO DIA

O desafio é um desejo que o destino formula para que eu arrisque, confie e cresça.

Enfrentar com sucesso o desafio exige uma cuidadosa reflexão. Preciso determinar que riscos estou disposto a correr e quais contêm um grau inaceitável de perigo e perda.

O risco inteligente diante da incerteza é uma responsabilidade que preciso assumir com extremo cuidado.

O desafio sempre fará parte da vida. A verdadeira vitória repousa no fato de eu o acolher como um mestre, mentor e guia para o meu poder interior.

O QUARTO DIA

O desafio é um desejo que o destino formula para que eu arrisque, confie e cresça.

A escolha adequada do momento desempenha um importante papel na oportunidade.

Saber quando agir rapidamente e quando hesitar requer observação e intuição.

À medida que me torno consciente do ritmo desse desafio, passo a ser capaz de avançar com mais confiança.

O desafio sempre fará parte da vida. A verdadeira vitória repousa no fato de eu o acolher como um mestre, mentor e guia para o meu poder interior.

O QUINTO DIA

O desafio é um desejo que o destino formula para que eu arrisque, confie e cresça.

Quero saber com clareza como funciona a minha mente e de que modo tomo decisões.
Seja através da prece, do isolamento ou de um diálogo silencioso comigo mesmo, procurarei desenvolver a minha concentração e a minha atenção.
Eu me lembrarei de que a atenção é o primeiro passo para a decisão.

O desafio sempre fará parte da vida. A verdadeira vitória repousa no fato de eu o acolher como um mestre, mentor e guia para o meu poder interior.

O SEXTO DIA

O desafio é um desejo que o destino formula para que eu arrisque, confie e cresça.

É hora de eu dizer o que existe no fundo do meu coração:
. . . .

O desafio sempre fará parte da vida. A verdadeira vitória repousa no fato de eu o acolher como um mestre, mentor e guia para o meu poder interior.

O SÉTIMO DIA

O desafio é um desejo que o destino formula para que eu arrisque, confie e cresça.

Às vezes podem ser necessários anos para que compreendamos o resultado dos nossos desafios, e é gratificante saber que fiz o melhor que pude.

Usar cada recurso que tenho sem um apego indevido aos resultados significa ser receptivo à liberdade, à confiança e à criatividade do espírito. Significa dizer: "Seja feita a tua vontade."

O desafio sempre fará parte da vida. A verdadeira vitória repousa no fato de eu o acolher como um mestre, mentor e guia para o meu poder interior.

O Arrependimento

Não existe nada que nos instrua mais do que o arrependimento, mas ele não precisa ser um mestre severo se conseguirmos aceitar a nossa condição humana e encontrá-la no nosso coração a fim de nos perdoarmos. Perdoar os outros nem sempre é fácil, mas perdoar a nós mesmos pode ser ainda mais complicado. Sem esse perdão, contudo, negamos a permissão necessária a uma segunda chance.

Um mês antes de morrer, minha mãe mudou-se do apartamento onde morava, com razoável independência, para um lugar onde cuidariam dela porque suas capacidades físicas estavam diminuindo. Quando eu estava a caminho do local onde iria assinar os papéis necessários à sua internação, senti uma vontade enorme de trazê-la para casa comigo, mas os pensamentos a respeito do meu emprego, do meu filhinho e do problema de espaço fizeram calar as súplicas do meu coração. Eu não sabia que algumas semanas mais tarde iríamos nos

– 133 –

separar para sempre. Lembro-me exatamente do sinal vermelho no qual eu estava parada quando essa luta interior me causou muita dor, e ainda sou capaz de sofrer ao perceber como minhas prioridades estavam erradas.

Um ano mais tarde colaborei com uma excursão cujo objetivo era estudar a cultura e os costumes da Indonésia, e um dos membros do grupo, uma senhora idosa, ficou doente. Enquanto as outras pessoas faziam excursões, ela permanecia no quarto cada vez mais fraca e incapaz de cuidar de suas necessidades básicas. Ela estava determinada a resistir sozinha e recusou as ofertas de ajuda e assistência médica. Por fim, certa noite, simplesmente entrei em seu quarto e passei a cuidar dela, começando por dar-lhe um banho. "Isto não faz parte das suas tarefas", disse ela. "Você não precisa fazer isto."

Mas eu fiz. Eu disse a ela que fora incapaz de ajudar uma pessoa muito querida numa ocasião em que ela precisara de mim e que não iria cometer novamente o mesmo erro. Algo dentro de mim ficou curado. Uma segunda chance pode surgir sob diversas formas.

Não estou afirmando que essa experiência tenha me livrado de todo arrependimento com relação à minha mãe, mas me mostrou que eu conquistara algum entendimento. Compreendi então que a verdadeira segunda chance era a de eu perdoar a mim mesma.

Quando você voltar tranqüilamente a atenção para estas devoções, considere a idéia de acrescentar o seu perdão. Este último pode oferecer as lições capazes de ajudá-lo a desenvolver a clareza e a sabedoria necessárias para que você tome decisões que gerem menos arrependimento.

O PRIMEIRO DIA

O arrependimento me invade com sua atmosfera de reflexão e remorso.

Estar arrependido significa saber que me importo com a maneira pela qual me expresso e com as escolhas que faço.

Significa reconhecer que posso assumir a responsabilidade pelos meus erros.

Talvez eu tenha feito o melhor possível nas circunstâncias, mas talvez não.

Saber a diferença pode gerar a percepção intuitiva e o conhecimento.

Que este arrependimento se torne perdão, compaixão e graça.

O SEGUNDO DIA

O arrependimento me invade com sua atmosfera de reflexão e remorso.

Ao reconhecer que lidaria com as coisas de uma maneira diferente caso tivesse outra oportunidade, provoco um desabrochar mais profundo no meu coração.

Sei que sou filho do Divino, mas estou preso a uma vida extremamente humana.

Meu progresso através dos desafios da vida requer paciência e a decisão de tentar novamente.

Que este arrependimento se torne perdão, compaixão e graça.

O TERCEIRO DIA

O arrependimento me invade com sua atmosfera de reflexão e remorso.

A culpa e o arrependimento estão freqüentemente interligados como amantes, mas a culpa nada tem que ver com o amor e está pouco relacionada com o crescimento.
Separar a culpa do arrependimento me permite admitir meu erro e encarar a situação de uma maneira totalmente nova.

Que este arrependimento se torne perdão, compaixão e graça.

O QUARTO DIA

O arrependimento me invade com sua atmosfera de reflexão e remorso.

Devo me desculpar diante de alguém? Devo me desculpar diante de mim mesmo? Dizer "Sinto muito" pode nos libertar da culpa e amenizar o arrependimento.
Pode dissipar a dor dos meus erros e permitir que eu caminhe sem me censurar.

Que este arrependimento se torne perdão, compaixão e graça.

O QUINTO DIA

O arrependimento me invade com sua atmosfera de reflexão e remorso.

O arrependimento pode ser um mestre, mas não deve ser um companheiro constante.

Ficar preso ao remorso causa uma dor indevida e um drama desnecessário.

À medida que dou valor às suas lições e me beneficio delas, gradualmente renuncio ao arrependimento.

Que este arrependimento se torne perdão, compaixão e graça.

O SEXTO DIA

O arrependimento me invade com sua atmosfera de reflexão e remorso.

É hora de eu dizer o que existe no fundo do meu coração:

. . . .

Que este arrependimento se torne perdão, compaixão e graça.

O SÉTIMO DIA

O arrependimento me invade com sua atmosfera de reflexão e remorso.

Talvez a minha autopercepção esteja agora um pouco instável e eu precise lembrar que a minha vida é uma obra em andamento. Alguns dias são agraciados com realizações e outros com arrependimento.

Os arrependimentos de ontem podem ser a base das realizações de amanhã caso sejam sustentados com atenção e equilíbrio no meu coração.

Que este arrependimento se torne perdão, compaixão e graça.

O Perdão

A palavra "Perdão" tem um som suave e agradável, mas na prática exige a determinação de procurarmos sempre o que há de melhor em nós mesmos e nos outros. Guardar rancor afeta a maneira como encaramos tudo à nossa volta. Pense por um momento na postura tensa e na atitude irritadiça que acompanha o ressentimento. O perdão é a maneira de dissolver esses sentimentos amargos e de purificar o nosso coração.

Às vezes existem pessoas ou atividades que simplesmente não queremos que participem da nossa vida. A experiência nos mostrou que a influência delas é destrutiva e perturbadora. Mesmo assim podemos desejar-lhes o bem ao mesmo tempo que decidimos não nos envolver com elas.

Perdoar é "dar algo em lugar de", de modo que podemos oferecer pensamentos auspiciosos em vez de desarmoniosos. Essa atitude pode representar uma tremenda libertação tanto para a outra pessoa como para nós mesmos. Quando susten-

– 139 –

tamos durante meses e anos julgamentos e idéias limitados, afastamo-nos uns dos outros. Tornamo-nos distantes e desligados. Permanecemos desconfiados e céticos, e estamos sempre prevenidos contra transgressões. Ao tornarmos rígido e inflexível o nosso perdão, estamos mantendo presa a nossa vivacidade.

O perdão e a compaixão andam de mãos dadas como dois irmãos e atraem uma força de confiança mútua. Nossas ações e nosso comportamento são influenciados pela nossa segurança ou insegurança, pelas nossas frustrações e, em geral, pelas nossas compulsões. Perdoamos facilmente uma criança, mas nos esquecemos de que crescer é um processo que dura a vida inteira. Compreender que cada um de nós faz o melhor que pode com a maturidade que tem nos permite não apenas aceitar mutuamente os inevitáveis "erros", como também praticar a arte do verdadeiro perdão.

O PRIMEIRO DIA

Elimine minha relutância, liberte minha culpa e abra meu coração ao perdão.

Mostre-me como subjugar minha dor, minha raiva e meu julgamento. Ao mesmo tempo que vivo minha crença no perdão, reconheço o poder deste último de superar o ressentimento e a culpa.

Ao perdoar, abro o caminho para que outros se aliem a mim no perdão, na esperança de que juntos possamos ficar mais próximos do Coração Uno.

O SEGUNDO DIA

Elimine minha relutância, liberte minha culpa e abra meu coração ao perdão.

Posso até ter razão em estar zangado com esta pessoa, com esta situação e comigo mesmo.

Mas se contemplo honestamente a minha raiva, posso convidá-la a se pôr de lado para que eu possa ser capaz de perdoar.

Ao perdoar, abro o caminho para que outros se aliem a mim no perdão, na esperança de que juntos possamos ficar mais próximos do Coração Uno.

– 141 –

O TERCEIRO DIA

Elimine minha relutância, liberte minha culpa e abra meu coração ao perdão.

A dor da injustiça me perturba e me faz sentir inseguro.
As feridas causadas pelos meus erros e pelos erros dos outros podem subsistir e consumir o meu coração.
Ao me propor trocar esta dor pelo perdão, restauro a minha auto-estima e participo da graça vivificante do Divino.

Ao perdoar, abro o caminho para que outros se aliem a mim no perdão, na esperança de que juntos possamos ficar mais próximos do Coração Uno.

O QUARTO DIA

Elimine minha relutância, liberte minha culpa e abra meu coração ao perdão.

Que parcela desta afronta está relacionada com partes do meu ser que mantenho escondidas, às vezes até de mim mesmo?
Meu desejo de me apegar ao ressentimento revela algo que precisa ser reavaliado e transformado. Preciso reconhecer quanto desta mágoa é de minha responsabilidade.

Ao perdoar, abro o caminho para que outros se aliem a mim no perdão, na esperança de que juntos possamos ficar mais próximos do Coração Uno.

O QUINTO DIA

Elimine minha relutância, liberte minha culpa e abra meu coração ao perdão.

Não há necessidade de justificar um comportamento inadequado ou nocivo.

Estou perdoando a pessoa e não o ato praticado.

Ao mesmo tempo que deixo de criticar outra pessoa, libero a energia e as reservas emocionais que erguem esse peso invisível e afirmam a vida renovada.

Ao perdoar, abro o caminho para que outros se aliem a mim no perdão, na esperança de que juntos possamos ficar mais próximos do Coração Uno.

O SEXTO DIA

Elimine minha relutância, liberte minha culpa e abra meu coração ao perdão.

É hora de eu dizer o que existe no fundo do meu coração:

. . . .

Ao perdoar, abro o caminho para que outros se aliem a mim no perdão, na esperança de que juntos possamos ficar mais próximos do Coração Uno.

O SÉTIMO DIA

Elimine minha relutância, liberte minha culpa e abra meu coração ao perdão.

Se o perdão é o destino, a compaixão é o caminho para casa.

O coração reage diante da compaixão como ao apelo de um velho amigo na noite, ou seja, oferecendo apoio e compreensão. Peço à compaixão que habita minha alma que ponha em prática o princípio fundamental da minha fé, que não guarde rancor e que deixe o julgamento nas mãos da Força que energiza a vida.

Ao perdoar, abro o caminho para que outros se aliem a mim no perdão, na esperança de que juntos possamos ficar mais próximos do Coração Uno.

– 144 –

A Gratidão

A gratidão é a linguagem dos anjos. Eles a sussurram entre si e a entoam nos coros celestiais. Dão graças tanto pelas bênçãos como pelas dificuldades, sabendo que elas geram oportunidades para que nos aproximemos do Uno.

Com que freqüência deixamos de saborear nossa gratidão! Temos a tendência de dizer: "Tudo bem. Formidável!" "Muito obrigado", e partimos em direção ao desafio seguinte, à recompensa que esperamos obter a seguir. Perdemos a oportunidade de desfrutar a sensação de estar envolvidos no calor e na virtude de um agradecimento piedoso.

Agradecer dá à determinação a recompensa que ela merece. Diz-se que no momento em que decidimos algo com relação a alguma coisa, mil auxiliares visíveis e invisíveis são levados a nos emprestar a sua energia e o seu poder. Não sei se são realmente mil, mas em geral nossos sonhos se tornam realidade com a ajuda de outras pessoas. Agradecer nos confere a oportunidade de estender nossa gratidão a um círculo mais amplo e de reconhecer a Verdadeira Fonte de todas as bênçãos.

Minha mãe costumava me dizer: "Nada está terminado enquanto não agradecemos." Agradecer completa um círculo que geralmente começa com a prece, a esperança e a incerteza. Estas devoções lhe oferecem uma maneira de você completar e aprofundar sua gratidão e fortalecer sua ligação natural com a abundância da vida.

O PRIMEIRO DIA

Minhas esperanças são recompensadas, minhas preces atendidas e minha vida consolidada.

Ao agradecer, reconheço e acolho com alegria essa felicidade.

Permito que ela se torne parte de mim, e desfruto a satisfação que ela me traz.

Com respeito e admiração, meu coração sussurra: "Aleluia."

O SEGUNDO DIA

Minhas esperanças são recompensadas, minhas preces atendidas e minha vida consolidada.

É importante lembrar que as preces sempre são atendidas, embora às vezes não da maneira como esperamos nem na ocasião que escolhemos.

Este, porém, é um momento em que posso entender a resposta e regozijar-me na sua dádiva de resolução.

O círculo se completa quando ofereço meus agradecimentos ao Uno de quem emanam todas as bênçãos.

Com respeito e admiração, meu coração sussurra: "Aleluia."

O TERCEIRO DIA

*Minhas esperanças são recompensadas, minhas preces aten-
didas e minha vida consolidada.*

O mundo cerimonial é um lugar ao qual posso integrar as
coisas que me acontecem e honrar minhas passagens. É este
o momento de realizar uma cerimônia pessoal para expressar
minha alegria? De que maneiras posso celebrar a felicidade
para poder trazê-la mais plenamente à minha consciência?

Com respeito e admiração, meu coração sussurra: "Aleluia."

O QUARTO DIA

*Minhas esperanças são recompensadas, minhas preces aten-
didas e minha vida consolidada.*

Uma das maneiras de agradecer é passar as bênçãos para os
outros. Isso é gratidão em ação.
Algumas vezes os outros nada têm que ver com o milagre
que está acontecendo. O fato de eles estarem precisando de
algo que eu posso dar é suficiente.
A Vida Una usa muitos disfarces.

Com respeito e admiração, meu coração sussurra: "Aleluia."

O QUINTO DIA

*Minhas esperanças são recompensadas, minhas preces aten-
didas e minha vida consolidada.*

Ser humilde diante da recompensa significa nos lembrarmos
da nossa ligação com o espírito e com todas as coisas.
Eu me esforçarei para apreciar com humildade essa opulência.

– 148 –

Eu me lembrarei de que a modéstia e a amabilidade são qualidades sempre apropriadas.

Com respeito e admiração, meu coração sussurra: "Aleluia."

O SEXTO DIA

Minhas esperanças são recompensadas, minhas preces atendidas e minha vida consolidada.

É hora de eu dizer o que existe no fundo do meu coração:

. . . .

Com respeito e admiração, meu coração sussurra: "Aleluia."

O SÉTIMO DIA

Minhas esperanças são recompensadas, minhas preces atendidas e minha vida consolidada.

Gaste um pouco, poupe um pouco e divida um pouco: este conselho se aplica tanto às conquistas inesperadas do coração como aos ganhos financeiros.

De que modo posso compartilhar esta bênção de uma maneira que ela multiplique as suas riquezas?

Quem acreditou em mim quando a minha própria convicção estava abalada?

Quem teve um amor constante mesmo quando eu estava distante e preocupado?

Quem me ajudou a enxergar além da dúvida e a descortinar a possibilidade?

Quem sugeriu que eu fosse paciente e esperasse o melhor?

Quero compartilhar minha felicidade com os outros — agora e sempre.

Com respeito e admiração, meu coração sussurra: "Aleluia."

A Violação Pessoal

É doloroso reconhecer que a violação costuma ser um elemento inevitável da nossa vida, seja através de um abuso de confiança da parte de uma pessoa íntima ou de uma agressão direta cometida por um estranho. Ela pode assumir a forma de um abuso emocional ou sexual, de um assalto à nossa casa ou de um ataque na rua, mas, independentemente das circunstâncias, podemos nos sentir indefesos e sobremodo vulneráveis. A angústia e o isolamento com relação a outras pessoas algumas vezes parecem intoleráveis porque um ato desse tipo é uma grave invasão da privacidade. Nosso sentido de controle se despedaça, e só nos resta achar uma maneira de curar o indescritível.

Com efeito, até bem pouco tempo indescritível é exatamente o que esse tipo de experiência tem sido, mas agora as atitudes estão mudando e as pessoas estão aprendendo que há força e conforto na partilha. No passado, os agressores se-

– 151 –

xuais, por exemplo, podiam se esconder atrás da proteção deformada da vergonha e do silêncio; mas, se conseguirmos aprender a falar a respeito do que aconteceu, não apenas evitaremos o dano causado pelos sentimentos e emoções reprimidos como também impediremos que essa tragédia aconteça a outras pessoas.

Ocorreram incidentes na minha infância que passei anos tentando esquecer. Esforcei-me para falar sinceramente a respeito deles e compreender por que vivemos num mundo no qual cada um de nós é capaz de ser ao mesmo tempo bom e cruel.

Finalmente, precisamos perguntar a nós mesmos: "Como posso usar essa injustiça para fortalecer a minha vida?" Essa é uma pergunta difícil. Estas devoções são uma forma de começar esse exame e representam um primeiro passo na árdua jornada que faz da vítima um sobrevivente.

O PRIMEIRO DIA

Estremeço consternado enquanto a sombra da violação atravessa a minha vida.

A desalentadora realidade do ocorrido deixa em seu rastro o choque e a incredulidade.

Minha confiança está abalada, e sinto-me vulnerável e frágil.

Meu medo, minha raiva e minhas lágrimas comprovam minha cura e recuperação.

O SEGUNDO DIA

Estremeço consternado enquanto a sombra da violação atravessa a minha vida.

Tento afastar as lembranças e imagens que invadem minha mente, mas elas voltam com implacável freqüência.

Embora essas recordações sejam dolorosas, os eventos em si estão no passado.

Neste momento estou seguro e procurarei maneiras de reforçar essa segurança.

Meu medo, minha raiva e minhas lágrimas comprovam minha cura e recuperação.

O TERCEIRO DIA

Estremeço consternado enquanto a sombra da violação atravessa a minha vida.

Às vezes me sinto envergonhado, embora não haja do que me envergonhar.
Às vezes me sinto negligente, embora saiba que não cometi nenhum erro.
Tento compreender algo que parece sem sentido.

Meu medo, minha raiva e minhas lágrimas comprovam minha cura e recuperação.

O QUARTO DIA

Estremeço consternado enquanto a sombra da violação atravessa a minha vida.

Não consigo deixar de me perguntar: "Por que eu?"
Num esforço de recuperar o meu poder, luto para aceitar a lamentável realidade de que o nosso mundo inclui aqueles cuja necessidade deturpada de controle resulta na dominação e na ofensa de seus semelhantes.
Não existe uma maneira correta de reagir ao que aconteceu.
Não importa qual tenha sido a minha reação, ela foi a correta.

Meu medo, minha raiva e minhas lágrimas comprovam minha cura e recuperação.

O QUINTO DIA

Estremeço consternado enquanto a sombra da violação atravessa a minha vida.

A raiva e a indignação começam a vir à tona.

Talvez a insistência desses sentimentos seja o catalisador de que preciso para falar com clareza e dignidade a respeito do que aconteceu.
A história da violação pessoal está envolvida pelo manto do silêncio e do sigilo. A recusa em participar desse silêncio significa romper um elo na ofensiva cadeia desse tipo de abuso.

Meu medo, minha raiva e minhas lágrimas comprovam minha cura e recuperação.

O SEXTO DIA

Estremeço consternado enquanto a sombra da violação atravessa a minha vida.

Chegou a hora de eu dizer o que existe no fundo do meu coração: . . . .

Meu medo, minha raiva e minhas lágrimas comprovam minha cura e recuperação.

O SÉTIMO DIA

Estremeço consternado enquanto a sombra da violação atravessa a minha vida.

Preciso me lembrar de que outras pessoas também viveram este trauma e formaram sistemas de apoio e redes de segurança.
Não preciso fazer esta passagem sozinho.
À medida que descubro os recursos que tenho à minha disposição e começo a participar deles, passo a fazer parte de uma poderosa comunidade de força, compreensão e ajuda compartilhadas.

Meu medo, minha raiva e minhas lágrimas comprovam minha cura e recuperação.

Agradecimentos

Agradeço às seguintes pessoas por me terem permitido citar suas palavras:

1. Susan Thaler, na história "Vinnie's Angel", copyright © 1990 de Susan Thaler
2. Elizabeth Cogburn
3. Michael L. Lindvall

Este livro não poderia ter sido escrito sem o estímulo da minha família, a orientação de Evelyn Payne e Clarissa, o entusiasmo de Patti Breitman, o estilo elegante de Toinette Lippe e o conselho de vida de Elizabeth Cogburn.

A RESPEITO DA AUTORA

Noela N. Evans vive em Northport, no Estado de Nova York, numa velha casa que dá para o porto, com seu marido, seu filho, dois gatos e o iguana do filho.

Outras obras de interesse:

O ESSENCIAL SOBRE MEDITAÇÃO
John Novak

RETORNANDO AO SILÊNCIO
Dainin Katagiri

MEDITANDO COM OS ANJOS
Texto: *Sônia Café*
Ilustrações: *Neide Innecco*

MEDITAÇÃO
Shakti Gawain

MEDITAÇÃO: CAMINHO DA AUTO-REALIZAÇÃO
H. Saraydarian

MEDITAÇÃO - Princípios Gerais para sua Prática
Mouni Sadhu

SAMADHI - A Supraconsciência do Futuro
Mouni Sadhu

CONCENTRAÇÃO
Mouni Sadhu

CONCENTRAÇÃO E MEDITAÇÃO
Swami Sivananda

A ESSÊNCIA DA MEDITAÇÃO BUDISTA
Bikkhu Mangalo

CARTAS SOBRE MEDITAÇÃO OCULTISTA
Alice A. Bailey

MEDITAÇÃO - A ARTE DO ÊXTASE
Osho

COMO MEDITAR
Kathleen McDonald

MEDITAÇÃO - Uma Maneira de Viver
Vimala Thakar

MEDITA
Swami Muktananda

A VOZ SILENCIOSA
White Eagle

MEDITAÇÃO NA AÇÃO
Chögyam Trungpa

Peça catálogo gratuito à
EDITORA PENSAMENTO
Rua Dr. Mário Vicente, 374 - Fone: 272-1399
04270-000 - São Paulo, SP